シネマ＆フード

映画を食卓に連れて帰ろう

CUEL（料理）

小泉佳春（写真）

KADOKAWA

映画があれば料理はクリエイティブに！

自由になるってどんなこと？　窮屈じゃないってどんな感じ？　きょうのごはんで

じゃないかと途中頭をよぎったとしても、気にしない。そうかも、こっちの方が

何年も前に作った料理を再び見直し、（時々おとなしいものもあるけれど、）

できたらいいな、と思うことです。いつもの晩ごはんとは違います。

イタリアンの素材主義のようなものへ。地方、田舎がありながら

そこからオーストラリアのデザイン料理へ。スペインのデザイン料理へ。

それはシネマライズの映画とともに培われる生活感のようなもので、とてもとても

さて、

ファッションや音楽を知ったり、知らない街を旅行しているような気分に

ラクになる映画だと思うのです。足りないものがあるばかり。

あり過ぎてコントロールが足りない恋愛や親子。足りないものを

勝手に言わせてもらえば、それは料理にも似ています。

勘違いもいっぱいあります。求められていないような人物像に

おいしいものを作ろうとしないでくださいね。

そして、なぁんだ、私だってイメージ料理なら

知ってみる。ちょびっと映画のマネをしてみる。本当ならもっと難しいの

新しいかも、かっこいいのはこっちかもと思いながら料理する。

最初から目指したのは大げさに言えば、感情を色や素材に置き換えることが

料理にも時流があって、フレンチと都会が主流だったのが

ベジタリアンやエスニックが混ざった音楽や舞踏からイメージされるものへ。

そこから今は北欧自然観のようなところに流れています。

役に立ってきました。生活のセンスを映画から教えてもらったのだと思います。

映画を見る楽しみにはいくつかあって、

なったり。何よりもシネマライズで上映された映画は見た後で、

何かが足りない恋愛、何かが足りない親子、

肯定すると私たちは窮屈じゃなくなるような気がします。

いっしょに食べる人、または作ってあげる人に喜んでもらえるといいのですが、

あなたが合わせてなりすまして料理しても……なこともあるでしょう。

おもしろい味にできあがって笑っちゃうぐらいがいいでしょう。

もっといいのできるわよ、と言ってください!　　　　　　　　by ハギワラトシコ

Table of Contents

シネマとフード

シネマライズとハギワラトシコ　インタビュー

Interview with Cinema Rise and Toshiko Hagiwara

　80年代半ば、バブル全盛の当時、渋谷をはじめ、東京はミニシアターが少しずつ増えはじめ、単館映画なるものが映画好きやカルチャーに敏感な若者たちにじわじわと浸透していった頃。映画を監督から選ぶ、ファッションや文化を真似る、そんな時代でもあった。まさにその先駆け的存在だった86年にオープンしたシネマライズが上映する映画に、影響された人たちも多いのではないだろうか。

　86年、渋谷のスペイン坂を上りきったところにオープンした伝説のミニシアター「シネマライズ」。建築家 北川原 温氏のデザインによる、カーテンのドレープのように波打つ外観が印象的な建物の内側では数々の熱を帯びた作品が上映されてきた。2016年、惜しまれつつも閉館したが、今もここから受けた影響や思いを語る人が絶えない。その語り草の一つに、パンフレットの最後にあった料理ページがある。30年近く、渋谷のカルチャーを牽引していったミニシアターのパンフレットには、なぜだか料理のページが設けられていたのだ。それは、映画に出てくる料理でもなければ、映画と関係があるようでないようなものだった。料理を作っていたのは「CUEL」という名でケータリングサービスを始めて間もない**ハギワラトシコ**さんとパートナーの故 **山田 亮**さん。写真は、独立したばかりのカメラマン故 **小泉佳春**さん。シネマライズ・オーナーの**賴 光裕**さんと奥様の**香苗**さんは、何を思い、パンフレットに料理を盛り込むことにしたのか。

頼さん（以下敬称略）「もともとあそこはね、あの場所にビルを建てるという話まではあって、そこにファッション系のテナントを入れる考えだったんです。当時は80年代の半ばでDCブランド全盛期だったでしょう。だからどこのファッションビルにもDCブランドが入っていたので、わざわざ自分たちのビルにそれをしなくてもいいかなと思ったんです。あとは渋谷に映画館が少ないなと思っていたこともあって、それなら映画館にしましょうと」

　1階は渋谷ピカデリー（松竹）になることは決まっていたが、地下に作ったスクリーンをどうするかは当初未定のままだったという。いろいろ話し合いがなされた後「一緒におもしろいものを上映していきましょう」という松竹の方からの声かけを機に、地下のスクリーンは、頼さん夫妻が取り仕切る映画を上映する映画館にしようと、最後の最後で決まった。

頼　「最初に上映したのはフレッド・スケップシー監督の『プレンティ』で、次がトニー・リチャードソン監督の『ホテル・ニューハンプシャー』だったんです。これがね、いきなりのロングランヒットで、あぁいう映画に人が集まるんだって。そこから一気にシネマライズの名前が世に出ていったんですよ」

香苗さん（以下敬称略）「当時はね、映写機の時代でしたから、ロングランだったときはフィルムがへたってしまい、大変だったって話もあったわね。あの映画は、それくらいロングランだった。映写機もね、まだ若くて暴れ馬のようだったから、それをだんだん慣らしていくっていうのが大変で。担当してくれていたスタッフも今では50を超えているかな!?　ある意味、『ニュー・シネマ・パラダイス』のような感じね。うちは一人の担当者がずっとやってくれていたから」

　『ホテル・ニューハンプシャー』のヒットが続くなか、夜は世界初のにおいの出る映画として話題の『ポリエステル』も上映するなど、映画業界に足を踏み入れたばかりの頼夫妻は掟破りのこともしでかしてきた。シネマライズオープンから1年後の87年には、初めて訪れたカンヌ映画祭で、映画を買い付けるということも覚えた。

　頼夫妻がシネマライズを立ち上げる少し前、時代をつくってきた諸先輩方は、一つのことだけではなく、常にあらゆる事柄を同時に立ち上げ、形にし、立体的にしてみせては足跡を残してきた。石津謙介氏による「VAN」や「アルファキュービック」の創立者　柴田良三さんらは洋服だけではなく、常に衣食住も含めての提案だった。柴田さんはチョコレート屋さん、花屋さん、F1をやっていたこともあったのだそうだ。そんな諸先輩方の背中を見てきた頼夫妻は、シネマライズをただ単に映画を観せ

photo by Nobuyoshi Araki ©Nobuyoshi Araki

るだけの場所ではなく、全方位的に自らの生き様を見せるかのごとく発信していくことで、存在感を発揮していった。

香苗 「今だったら驚かないかもしれないけど、当時、うちの制服はすごく人気のあったレノマの別注だったの。オープニングパーティーのフードはCUELにお願いして、その制服を着たイケメンのアルバイトのみんなが給仕をして。ハギワラさんがレニー・クラヴィッツさながらのカツラを買ってきてくれて、みんなでそれをかぶってね。同じ建物内で『ローズルーム』というカフェもやっていて、マーク・ニューソンやスタルクがそこをオフィスのように使っていたこともあったのよ」

　"映画"というより、ライフスタイルだった、と香苗さん。映画とライフスタイルの間に入るにふさわしい言葉は"シネマライズ"なのか、"この30年は"なのか、はたまた違う言葉なのか。いずれにせよ、手探りで始めた映画にまつわることから、次々におもしろいと思うことが出てきて、それを受け取ったり、打ち返したり、自分たちがいいと思っていることへと無我夢中で進んでいると、ちゃんと答えが返ってくる、そんな時代だった。

香苗 「監督が来たときには、うちで私がごはんを作ってパーティーしたりなんてことも、よくやったわね。業界の常識!?がわからなかったから、自分たちがいいと思ったことをやってきた。是枝監督の2作目の作品『ワンダフルライフ』のときも、次の『ディスタンス』のときにもごはんを作ったなぁ。ピーター・グリーナウェイ監督の『コックと泥棒、その妻と愛人』のときは、衣装はゴルチエだし、せっかくだから衣装の展示をやりたいって言ったら、いつの間にか寺田倉庫で実現したり、とかね」

頼 「封切りのときに監督が映画館に来て、トークイベントとかもね、うちが最初だった。今じゃ普通のことだけど、当時はそういうことがなかったから。みんな勢いがあって、小さいところが次々立ち上がり、盛り上がっていった。互いに手を取り合って一緒に大きくなっていった感じ」

　シネマライズで映画のパンフレットにフードのページを作ったのも、頼夫妻の映画を中心に巻き起こるおもしろいことの流れからだった。

香苗 「ファッション系のイベントに"割れたお皿に盛りつけられた料理"っていうのが出てきて、それが、CUELの料理を初めて見たときだったんだけど、もうそれだけで"うわぁ"と思ってね。CUELの目線は、パンクでエレガント。シネマライズ的視点が、まんま料理で表現されていた。料理というか、食卓かな」

　皮膚感覚で感じたことを料理で表現できるのがCUEL。映画に出てくる料理ではなく、映画で感じたことを料理で追体験できるような、そんな料理ページがパンフレットの中にあってもいいんじゃないかなと思い、CUELに仕事を依頼した、と香苗さん。

一体、どんな話の末にこういったページが生み出されたのかと思うだろうが、依頼の時、具体的にこうして欲しいという話は一切なかったと、ハギワラさんは振り返る。

ハギワラさん（以下敬称略）「映画には五感が必要だからって。言われたのはそれだけだったと思います」

　パンフレットの最後に、料理ページが入るようになったのは91年から。以来、17年間、160点以上の料理を作り、撮影が行われてきた。

ハギワラ「最初はトム・ストッパード監督の『ローゼンクランツとギルデンスターンは死んだ』だから、料理を思いつくのはそんなに大変じゃなかった。一番大変だったのはイーサン・コーエンとジョエル・コーエン監督の『ファーゴ』（p.64）かな。これは観てもらうとわかると思うけど、普通、食べられないでしょ、あの映画の後は。暴れん坊として知られた、ハーモニー・コリン監督の『ガンモ』もなかなかに手強かったなぁ。『奇跡の海』の時に作った「スコッチおやつ」は、料理写真としては好きだけど、映画としては苦手。私はね、ヴィスコンティとか観ていると寝ちゃうようなもんだったの。今は大人になったから観れるけどね。そんな私が映画の仕事に携わるとは思ってもみなかった」

　スタイリング（のちに料理も）＝ハギワラさん、料理＝山田さん、写真＝小泉さんは別々に、お題となる映画を観に行き、それぞれの分野のことを黙々とやっては、バトンを渡し、受け取っては一つの絵柄を作ってきた。最後に料理を映画につなげる役目を担っていたのがハギワラさん。でも、頼夫妻はつなげるなんて思わなくていいと言いそうだったと、ハギワラさん。なぜなら、五感が必要だからと言った後に続いた言葉は、「映画だけに集中しちゃうとダメ。だからフードもありなの」だったから。つまり、それくらい自由な感覚でこのページもあればいい。そういうスタンスだった。

ハギワラ「ファッションは売らなかったけれど、映画から時代の気分を売ろうとしていた場所だった。でもそういうことも、今思えばの話。やっているときは、そんなこと考えもしてなかった。ただひたすら、観終わった後の気持ちにひたって作ってきたかな」

頼「シネマライズで上映してきた映画は、ぶっ飛んでいるけど踏み外してないと思っている。血みどろの映画もあったりしたけど、ある評論家は、あんたたちの映画は品があるわよって言ってくれた。血みどろ映画に品も何もないんだけどさ、うれしかったよね。映画のブッキングで、時代を表現しようとしているって書いてくれたライターもいたし、何かの雑誌だったかな、吉本ばななさんにシネマライズの空気が好きと言ってもらえたこともあった」

香苗「劇場内での撮影としては最初で最後だったけど、閉館の直前に蜷川実花さんがMAN WITH A MISSIONのPVを撮影したこともあった

わね。本当に『Memories』ね」

　頼夫妻が上映作品を選んできた決め手は、格好良く言えば"時代の気分"だったという。「だから早くやめたかったんだよね」ポツリと頼さんは付け足した。

頼　「お金をもらって観てもらうものだから、感動はしないとしても、感情のうねりや、揺さぶるようなもの、強さがあるものを選んできた。ミニシアターにはそれぞれの個性があった。うちにはうちの、振れ幅のすごさとかもね、期待されていたように思う」

香苗　「そうね、約束通りに終わるようなものには興味がなかったし、選んでもこなかったけど。それなりにムーブメントは作ってこれたかなって思う。インド映画の『ムトゥ』とかね」

頼　「『ブエナビスタ』の至福ってコピーは、僕が最初試写で観た後に言った"至福だね"から始まったし。その後全ての紹介に至福がついてたよ」

　数々のヒット作を世に送り出してきたシネマライズで、映画好きでなくとも知っているだろう作品ジャン＝ピエール・ジュネ監督の『アメリ』に出てくる"焼きプリン"の訳を"クレームブリュレ"に変えたり、ソフィア・コッポラ監督『ヴァージン・スーサイズ』のポスターの上の方に、映画で使われたマイク・ミルズのピンクのバラのイラストをちょっと入れたり、ポスターや字幕も、どうやって世の中に出していくかを念入りに考え、チェックや意見を怠らなかった頼夫妻。ヤン・イクチュン監督の『息もできない』の原題はなんと"クソ蝿"だったし、『春にして君を想う』（フリドリック・トール・フリドリクソン監督）も、まったく違ったタイトルだったという。

　80年代のミニシアターが仕掛けてきた映画には、時代を動かすムーブメントがあった。頼さんは言う、「僕らは20歳年上の渋谷系だったのかも知れない。僕らは渋谷のオーディエンスしか見てなかった。渋谷が時代を引っぱっていたんだなと今になって思う。そして、あの頃のいろいろな幸運が重なって今がある」と。

　めちゃくちゃだけど、いいと思うものを信じてつなげ、発信してきた夫妻が欲していたのは、パンクなエレガンス。みんなにいい顔はできない。あの時代だったからできた。今やっていたら、毎作品炎上だよ、と頼さんは笑った。

聞き手：赤澤かおり

映画紹介を読む前に

・本書に掲載のＤＶＤ、Blu-ray等のソフトの発売・配信情報は、本書の発売当時のものです。

・映画紹介ページのデータ等は2020年2月現在のものです。

・映画紹介ページの「公開」は、シネマライズでの公開時期を指します。

料理を作る前に

・特に記していなければ、野菜は皮をむいて使用します。

・粉類はあらかじめふるいにかけておきます。

・オーブンはあらかじめレシピに記している温度に予熱しておきます。

・味はととのえない。好みの味でいいです。

・素材のゆで方はお好みで。かたいほうが好きだったら、かために。やわらかいほうが良ければそれなりに。映画を観て、そのつど加減を決めるでもいいです。

・材料に出てくるチキンストックとは、調味料は加えず、鶏ガラを煮込んでとっただしのことです。

・小さじ1＝5ml、大さじ1＝15ml、1カップ＝200mlです。米1合＝180mlです。

Cinema & Foods

CinemaRise × CUEL × Yoshiharu Koizumi

『プロスペローの本』は、'90年代シネマライズのラインアップに欠かせない英国のピーター・グリーナウェイ監督作品。この映画は、1611年に書かれたシェイクスピア晩年の戯曲『テンペスト』を、1990年代のグリーナウェイの博学的知識と美意識で再構築したもの。シェイクスピアやオカルティズムの最新解釈と、ワダ エミによる金糸銀糸で織り成された衣装や、流行のネオ・クラシシズムな舞台装置と、最先端をいくNHKのハイビジョン技術を駆使して、めくるめく絢爛豪華な英国ルネッサンス絵巻物に仕立て上げている。『テンペスト』の主役であるプロスペローを演じるのはシェイクスピア俳優のサー・ジョン・ギールグッド。弟の策略により王位を奪われ、追い払われた島に、嵐（テンペスト）により弟一行が難破してたどり着く。プロスペローは魔術（オカルティズム）を使って、弟たちを諫め、王位を取り戻す。その魔術の源泉がルネッサンスの最新技術"本"だった。

プロスペローの本
シェイクスピア『テンペスト』より
Prospero's Books

プロスペローの本
≪無修正 HD リマスター版≫
DVD 発売中
価格：¥1,900 ＋税
発売・販売元：キングレコード

監督：ピーター・グリーナウェイ
製作：キース・カサンダー
衣装：ワダ エミ
音楽：マイケル・ナイマン

出演：サー・ジョン・ギールグッド／
イザベル・パスコ／マイケル・クラーク／
ミシェル・ブラン／エルランド・ヨセフソン／
ウテ・レンパー

1991年／イギリス・フランス／126分
1991年12月公開

ロマンスにはすみれの押し花を本の栞に。歴史書ならばエンジ色の絹の
リボンがいい。冒険小説には鷹の羽根。本には本に似合った栞があるといい。
地質学には薄く剝いだ雲母、サイエンスにはリトマス試験紙……葉っぱのパイと
チョコレートならばどんな本もプロスペローの本に変える。本にはさんで
おきさえすれば、やがては蟻を呼び、鳥を呼び、トカゲやヘビを集めるだろう。
ただしあなたが食べてしまわなかったならば、だ！

homage to 『プロスペローの本』

本 の 栞 に
葉っぱのパイと葉脈チョコレート
E d i b l e   L e a v e   b e t w e e n   T h e   P a g e s

葉っぱのパイ

材料（10 〜 12枚分）
```
┌ パイ生地：
│  強力粉…135g
│  薄力粉…90g
│  バター…225g
│  卵黄…1個分
└ 水（冷水）…少々
```

卵白、アーモンドパウダー、ポピーシード、
シナモンパウダー、ブラウンシュガー…各適量

1 強力粉と薄力粉は合わせてふるいにかけ、水と
  卵黄を加えてゴムベラでよく練り混ぜる。
2 めん棒で1を四角にのばし、薄く切ったバター
  を中央に並べる。周りの生地でバターを包み、
  上からめん棒で生地をのばして三つ折りにす
  る。向きを変え、同様にのばし、三つ折りにする。
  これを冷蔵庫で生地を休ませながら（生地がや
  わらかくなるとやりにくいので）2回くり返す。
4 2の生地を7mm厚さにのばし、ナイフで葉型
  に合わせて切りとる。
5 卵白は泡立て器でほぐす。4の表面に卵白をぬ
  り、アーモンドパウダーとポピーシードをふる。
6 220℃のオーブンで10 〜 20分焼き、シナモン
  パウダーとブラウンシュガーをふる。

葉脈チョコレート

材料（10 〜 12枚分）
製菓用チョコレート
（ダークまたは好みのもの）…200g
本物の葉っぱ（桜の葉を使用。観葉植物は
  チョコレートがはがれやすいので良い）
  …10 〜 12枚

1 チョコレートは刻んでボウルに入れ、
  湯せんにかけて混ぜながら溶かす。
2 葉はきれいに洗って水分をよくふき
  とる。ハケで表面に1をぬる。網に
  並べ、そのまま冷ましてかためる。
3 しっかりかたまったら再び2の上か
  らハケでチョコレートをぬり、同様
  に冷ましてかためる。
4 注意深くツメでチョコレートから葉
  をはがす（美しい葉脈がチョコレー
  トに残る）。

ポンヌフの恋人
Les Amants du Pont-Neuf

監督＋脚本：レオス・カラックス
撮影：ジャン＝イヴ・エスコフィエ
製作総指揮：クリスチャン・フェシネール
美術：ミシェル・ヴァンデスティアン

出演：ジュリエット・ビノシュ／
ドニ・ラヴァン／
クラウス＝ミヒャエル・グリューバー／
ダニエル・ビュアン

ポンヌフの恋人
Blu-ray・DVD 発売中
Blu-ray 価格：¥5,800＋税
DVD 価格：¥4,800＋税
発売元：シネマクガフィン
販売元：紀伊國屋書店

1991年／フランス／125分
1992年3月公開

23歳という若さで『ボーイ・ミーツ・ガール』を撮り、"恐るべき子供"と評されたレオス・カラックスの監督作品。カラックス自身の投影であり、本名でもあるアレックス（ドニ・ラヴァン演）というキャラクターを主役にした、いわゆる"アレックスもの三部作"の3作め。ホームレスになった若き男女が、パリ最古の橋、ポンヌフの上を寝ぐらにしながら、パリのあちらこちらで激しい愛憎劇を繰り広げる。失明の危機にあるヒロインの画学生は、当時カラックスの恋人だったジュリエット・ビノシュが演じている。

パリの路上という舞台を重視し、白昼の街中や地下街、深夜の大通りでのロケはもとより、フランス革命200年祭（'89年）の大花火の下のダンスは本作のスペクタクルといえる。パリを舞台にしたため、実際の撮影は難航を極め、撮影中断と資金破綻を繰り返した。ポンヌフでのロケの許可が延長されず、南仏の街に、ポンヌフのたもとの老舗のデパート、サマリテーヌまで忠実に再現した巨大なオープン・セットを作った。が、解体する費用が出せずそのままの形で残っている。

パンの煮こみ（シチュー）
Bread Stew

材料（2人分）
玉ねぎ…3〜4個
油（脂身でもバターでもいい）…約大さじ2
カサついた丸パン（バゲットの端っこでもいい）…4個
熟成が進んだカマンベールチーズ…少々
水…適量

1 玉ねぎ2個は薄切りにする。残りは大きめの
　ざく切りにする。

2 鍋に油を熱し、薄切り玉ねぎを炒める。時間
　をかけてじっくり、アメ色になるまで炒める。

3 2にたっぷり水を注ぎ、火にかける。煮立っ
　たら、ざく切りにした玉ねぎとパンを加えて
　じっくり煮こむ。

4 玉ねぎが透き通ったら、カマンベールチーズ
　を手でちぎって加える。少ししたら味見して
　塩けが足りなければ塩（分量外）を加える。

5 仕上げに生の玉ねぎ（分量外）を薄切りにし
　て薬味にしてもいい。

1番目は何でも生で食べること。
どんな魚も、どんな肉も生で食べられるという。嘘じゃない。
でも、お清潔な生活が長いと生の肉や魚につく寄生虫に
抵抗できないでお腹をこわすのだそうだ。
よほど常から鍛えておく必要がある。冷蔵庫は捨てちゃおう。

まるで、戦前に撮られた欧州映画さながらの深い黒味の白黒、ときおり着色したパートカラーがはさまれ、フィルム合成が続く、凝りに凝った画調。'56年デンマーク生まれのラース・フォン・トリアー監督が、戦後ドイツを描いた作品。まさに、『ヒトラー 〜最期の12日間〜』(p.140) が終わった後のドイツが舞台になる。'45年の西側ドイツはアメリカ軍の占領下にあり、MPがいたるところにいて、瓦礫が大量に残り、列車にはあふれた人がしがみついて乗る状況。ドイツ系アメリカ人のレオ・ケスラー (ジャン＝マルク・バール演) は、父の祖国の復興のため、叔父のコネで鉄道会社ツェントローパに入社し、1等寝台車の車掌になる。彼はツェントローパ社の一族、ハルトマン家と知り合い、娘カタリナ (バルバラ・スコーヴァ演) と深い関係になる。が、彼女と目撃した“人狼”なるテロ組織に巻き込まれていく……。

ヨーロッパ
EUROPA

1991年／デンマーク・フランス・スウェーデン／114 分

1992年10月公開

監督＋脚本：ラース・フォン・トリアー

出演：ジャン＝マルク・バール／

バルバラ・スコーヴァ／

エディ・コンスタンティーヌ／

ウド・キア

JEAN MARC BARR   BARBARA SUKOWA

CANNES 1991

EUROPA

ヨーロッパ

DVD 発売中

価格：￥1,500 ＋税

発売・販売元：KADOKAWA

さて、あなたはきょう家にいて映画を見ている。

ごく普通に晩ごはんを作ろうとするが

出来上がるものがいつもと違う。

何故ならあなたの片脳はまだヨーロッパに置き去りにされたままだからだ。

homage to 『ヨーロッパ』

ベルリンすし
Berlinese Sushi

材料（作りやすい分量・5〜6人分）

米…5合

水…900ml

昆布（5×5cm）…1枚

アップルビネガー（または好みの酢）…300ml

砂糖…50g

塩…小さじ2

ホースラディッシュ（西洋わさび）…適量

サワークリーム…適量

1 米をといでざるに上げ、30分ほどおく。

2 炊飯器に米、水、昆布を入れ、普通に炊く。

3 小鍋にアップルビネガー、砂糖、塩を入れ、火にかける。煮立ったら火を止め、そのまま冷ます。

4 ボウルまたは飯台に炊き上がったご飯をあけ、3のすし酢の半量をふりかけてしゃもじで切るように混ぜ合わせる。

5 ご飯を俵形のひと口大に握る。

6 サワークリームをのせ、すりおろしたホースラディッシュと好みのネタ（右記参照）をのせる。

すしネタ（材料・5〜6人分）

＊ソーセージのすし

スライスソーセージ適量に残りのすし酢適量をふりかけ、30分おく。

＊ゆでじゃがいもとソーセージのすし

さいの目に切ったじゃがいも1個は水からゆでる。途中で薄く切ったフランクフルトソーセージ1〜2本を加えてゆでる。水けをきり、残りのすし酢適量をふりかける。

＊きゅうりとミントのすし

きゅうり2/3本は皮をむき、輪切りに。軽く塩をふり、ちぎったミントの葉適量と混ぜ合わせる。

＊ハーブトロのすし

まぐろの中落ち100gは、みじん切りにした玉ねぎ大さじ2と好みのハーブ（タイム、ディルなど）適量と混ぜる。

＊ワインしめさばのすし

1 マリネ液を作る。鍋に薄切りにした玉ねぎ1/3個分、にんじん1/4本分、セロリ1/2本分、レモンの薄切り1個分とベイリーフ1枚、塩、こしょう、白ワインを入れて沸かし、冷ます。

2 さば1尾は3枚におろし、小骨を取って皮をむき、表面に塩をべったりつけてひと晩おく。

3 2を流水で洗って水けをふき、1のマリネ液に数時間漬けこむ。

4 さばは食べやすい大きさに切る。

＊ それぞれにしょうゆをつけて食べる。

＊ 輪切りにしたビーツの水煮を添えても。

エドワードII
Edward II

1991年／イギリス・日本／90分
1992年10月公開

'80年代に突然現れたHIV-エイズは、感染経由、対処法が不明のまま世界に広がり、シンボリックな出来事として、キース・ヘリングなどの最先端を生きていたアーティストたちを死に至らしめた。その一人が、監督のデレク・ジャーマンである。ジャーマンは若い頃から、ゲイであることをオープンにし、プライドを持って主要テーマに掲げてきた。本作も二重にその意思が込められている。原作に選んだのが、シェイクスピアと同年生まれの劇作家、クリストファー・マーロウの同名の戯曲。マーロウはゲーテより2世紀も早くドイツのファウストの劇を書き、ゲイと言われ、29歳の若さで酒場の喧嘩から夭折した。『エドワードII』は、主役であるエドワード二世が、彼の若き時からの"ご学友"であり、愛人であり、庇護すべき配下のガヴェストンと放埒な関係を結んでいる。それに耐えられない、フランスから嫁いできたイザベラ王妃、貴族たち、教会の司教たちは、二人と反目し、攻撃し合うようになる英国王朝の歴史劇。

デレク・ジャーマンの演出は、大型の石の壁と鉄の壁を立てた空間に、英国風玉座やベッドを象徴的に置いただけのセットに、王朝風衣装だけでなく、モダンなスーツや、現在の警察・軍の衣装を使い、まさに"エキセントリック"な映像美を作り上げ、パンクな英国舞台劇になっている。イザベラ王妃を演じるティルダ・スウィントンは、様々な20世紀のモードのコスプレで登場、本作の演技でヴェネツィア国際映画祭女優賞を受賞している。

監督：デレク・ジャーマン
撮影：イアン・ウィルソン
美術：クリストファー・ホッブズ
衣装：サンディ・パウエル
音楽：サイモン・フィッシャー・ターナー

出演：スティーブン・ウォーディントン／アンドリュー・ティアナン／
ティルダ・スウィントン／ナイジェル・テリー／ジェローム・フリン／アニー・レノックス

エドワードII
配給：アップリンク

ワンタンを作り、グリーンのクレソン入りスープでゆでる。

また、別の鍋には牛乳を沸かし紫キャベツをくたくたに煮る。

そして器にふたつを一緒にする。

とても簡単です。

古典料理じゃないよ、デレク・ジャーマン風です。

homage to 『エトワード II』

デレク・ジャーマン風のワンタンスープ
Blue Milk Wonton Soup

材料（5〜6人分）

ワンタンの皮…30枚

豚ひき肉…250g

紫玉ねぎ（みじん切り）…1/4個分

塩…少々

A：

おろししょうが…少々

酒…小さじ1

しょうゆ…小さじ1

グリーンのスープ：

水…600ml

鶏ガラスープの素…小さじ2

塩、こしょう…各適量

クレソン…1束

ふじ色のスープ：

水…300ml

牛乳…300ml

塩…適量

紫キャベツ（手でちぎる）…1/2玉

1　ひき肉に塩を加えてよく練る。紫玉ねぎとAを加えてさらに練る

2　ワンタンの皮のまん中に1を丸くのせ、皮のふちに水をぬり、もう1枚の皮をずらして貼り合わせる。これを15個作る。

3　鍋にグリーンのスープの材料とふじ色のスープの材料をそれぞれ合わせ入れ、沸かす。

4　グリーンのスープにワンタンを入れる。ワンタンが透き通ってしわくちゃになったら、スープといっしょに器に盛る。

5　4にふじ色のスープの紫キャベツを添え、スープを注ぐ。

ハイヒール

1991年／スペイン／115分
1992年12月公開

High H

ポップな色彩感とスタイリッシュな演出、なのにアクの強い登場人物たちの織り成す濃厚なメロドラマを作るスペインの鬼才、ペドロ・アルモドバル監督作。本作は母と娘の愛憎劇。人気歌手の母は、いきなり娘を置き去りにして海外に渡った。捨てられた娘は、そのことをトラウマとして成長、テレビ・キャスターになり、母の元恋人と結婚した。その母が15年ぶりにマドリッド空港に戻ってくるところから、映画は始まる。タイトルのハイヒールは、子供の頃にベッドで聞いた母のハイヒールの音であり、女性性の鎧としての象徴。母役のマリサ・パレデスはアルマーニ、娘役のビクトリア・アブリルはシャネルを着て、衣装で対比を見せる。

監督＋脚本：ペドロ・アルモドバル
撮影：アルフレド・マヨ　音楽：坂本龍一　テーマ曲：ルス・カサル
ビクトリア・アブリルの衣装：シャネル　マリサ・パレデスの衣装：ジョルジオ・アルマーニ
ミリアム・ディアス・アロカの衣装：シビラ　製作：アグスティン・アルモドバル

出演：ビクトリア・アブリル／マリサ・パレデス／
ミゲル・ボセ／ペドロ・ディエス・デル・コラル／フェオドール・アトキン／ミリアム・ディアス・アロカ

パラパラに炊いたご飯の上に卵とチキン。

そう、これは親子どんぶりスペイン版。

合って当たり前の味。だって出所がいっしょだよ。

ソースはトマトやニンニクとオリーブオイルと

シェリー酒を使ったセビーリャ風で。

homage to 『ハイヒール』

情熱のウエヴォス・ア・ラ・ファミリア
Mother Chicken and Daughter Eggs with Rice

材料（2人分）

鶏もも肉（ブツ切り）…200g

玉ねぎ（薄切り）…1/2個分

にんにく（みじん切り）…1/2片分

トマトの水煮缶（中）…1個

赤ピーマン（みじん切り）…1個分

オリーブ…適量

シェリー酒、こしょう…各少々

塩…適量

卵…4個

オリーブオイル…大さじ3

レッドキドニーまたは好みの豆の水煮、

万能ねぎ…各適量

炊きたてのご飯…茶碗2杯分

1 鶏肉は塩少々とこしょうをふっておく。

2 鍋にオリーブオイルを熱し、鶏肉の表面を焼く。両面に焼き目をつけたら取り出す。

3 鍋に残った油で玉ねぎとにんにくを炒める。

4 玉ねぎがきつね色になったら鶏肉を鍋に戻し入れ、トマトの水煮を加える。水分がとんでペタペタ状のソースになるまで煮る。

5 4にピーマンとオリーブ、シェリー酒を加える。煮立ったら塩をふって火を止める。

6 小さな土鍋に5を移し入れ、卵を割り入れ、180℃のオーブンで15分焼く。

7 皿にご飯を盛り、焼き上がった6をのせる。豆と万能ねぎを散らしてでき上がり。好みでタバスコをふってもいい。好みで、卵は目玉でなくて溶き混ぜてもいい。ハイ、召しあがれ。

イレイザーヘッド［完全版］
Eraserhead

1977-93年／アメリカ／89分
1993年11月公開

『イレイザーヘッド』とは鉛筆のお尻につけた消しゴムのことだ。当たり前の道具だが、じっと見ているると不気味なモノにも見えてくる……。そんな映画が、デヴィッド・リンチの長編デビュー作であり、'77年にアメリカで公開され、ミニシアターでの深夜上映からカルトな人気を集めた。この映画は映画関係者から評価が高く、メル・ブルックスのプロデュースで次作『エレファント・マン』を監督し、日本でも大ヒット。ジョージ・ルーカスから『スター・ウォーズ』の監督オファーも来た。カルト的要素のみで成り立っている映画で、例えれば、江戸川乱歩作品のおぞましいシーンのみが延々と続くような作品。デヴィッド・リンチは父の仕事の関係で風光明媚な自然公園の近くで育ってきたのだが、美術の道に進んだ時にフィラデルフィアの美術学校で学ぶ。その工業地帯ならではの、ダークに垂れ込めて、機械の重低音が響き続ける暗い環境が、リンチのアートに深い影響を与える。絵画の延長として制作を始めた動く絵画としての映画が認められ、LAのAFI（映画学校）に入学でき、映画制作の資金援助を受けて制作したのが、本作。LAの青空の下、学校にあてがわれたビバリーヒルズの部屋に、真っ暗なセットを組み、4年間、セットに住み込みながら昼夜逆転の制作をした。その間に、学友であり映画の登場人物でもあった妻は去っていったという。

製作＋監督＋脚本＋編集＋美術＋特殊効果＋音響効果＋作詞（天国ではすべてうまくいく）：デヴィッド・リンチ
撮影＋照明＋特殊撮影：フレデリック・エルムズ
撮影助手：ハーバード・カードウェル
音楽　作詞作曲＋歌唱（ラジエーターの中の女）、作曲（天国ではすべてうまくいく）：ピーター・アイヴァース

出演：ジャック・ナンス／シャーロット・スチュアート／アレン・ジョセフ／
ジーン・ベイツ／ジュディス・アナ・ロバーツ／ローレル・ニア／V.フィップス＝ウィルソン／
ジャック・フィスク／レイモンド・ウォルシュ

イレイザーヘッド　4Kリストア版
DVD発売中
価格：￥1,500＋税
発売・販売元：KADOKAWA

もしも、意中の彼からデートに誘われたなら迷わずにお弁当を作って持って行こう。

お弁当箱には胸いっぱいのあなたの喜びを詰めて行くのだ。

お弁当を開くのは映画館のシートかもしれない。

メリーゴーラウンドのユニコーンの背中の上でかもしれないし、お布団の中でかもしれないね。

工場の裏のヒミツの隠れ家に連れて行ってくれるかもしれないし、コンビニの隣の空き地かも。

公園のベンチの下に寝ころがっちゃうかもしれないし、婚約指輪なんか贈られちゃったら

どうしよう。誰も知らない土管にひそんじゃうかもしれないし、

教室の小さな机の上でかも……ドレスと髪はこれでいいかしら？

臆病で平凡でも、さあ、勇気をだして！　お弁当を作ってみよう。

ひとりよがりではない、ウケルお弁当を作るコツは男の子誰でもが好きなものを入れること。

homage to 『イレイザーヘッド［完全版］』

ドッグロールのランチボックス
Lynch Box Lunch Box

焼きそばロール

材料（2個分）

焼きそば麺…1/2玉

豚バラ薄切り肉…50g

キャベツの葉…2枚

にんじん…少量

酒…小さじ2

オイスターソース…小さじ2

オリーブオイル…大さじ1

塩、こしょう…各適量

ドッグロール…2個

バター、紅しょうが、青のり…各適量

1　キャベツとにんじんは短冊切りにする。豚肉は食べやすい大きさに切る。

2　フライパンにオリーブオイルを熱し、豚肉、キャベツ、にんじんを炒める。麺をほぐしながら加え、炒め合わせる。水少々（分量外）と酒、オイスターソースを加えてさらに炒め、塩、こしょうをふる。

3　ドッグロールをトースターで軽く温め、切り目を入れてバターをぬる。2の焼きそばを切れ目に入れ、紅しょうがをのせて青のりを散らす。

ナポリタンロール

材料（2個分）

太めのスパゲッティー…50g

ピーマン…1個

ウインナーソーセージ…2本

ロースハム…2枚

オリーブオイル…小さじ2

トマトケチャップ…大さじ1

塩、こしょう…各適量

ドッグロール…2個

バター、パセリ…各適量

1　スパゲッティーは袋の表示より、1～2分長くゆでてざるに上げる。

2　ピーマンとハムはせん切り、ウインナーソーセージは斜め薄切りにする。

3　フライパンにオリーブオイルを熱し、ピーマン、ソーセージ、ハムを加えてさっと炒める。1のスパゲッティーを加えて炒め合わせる。ケチャップを加えて混ぜ、塩、こしょうをふる。

4　ドッグロールをトースターで軽く温め、切り目を入れてバターをぬる。3のスパゲッティーを切り目に入れ、パセリを飾る。好みでタバスコをふる。卵焼き、漬物、練り物、サラダなど、好みのおかずを添える。

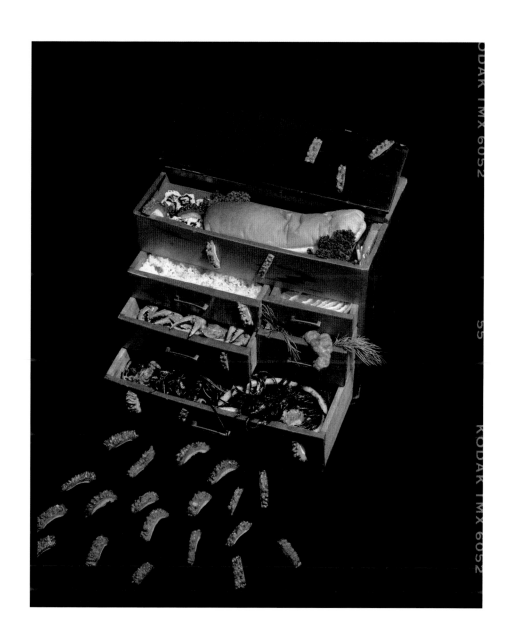

ベイビー・オブ・マコン

The Baby Of Macon

『プロスペローの本』（p.16）に続くピーター・グリーナウェイの監督作。前作同様、美術や歴史への博学的知識から作られた、まるでメディチ家のウフィツィ美術館にでも迷い込んだかのようなバロック的世界が展開される舞台劇。

世界はおおよそ1600年代のイタリアのフィレンツェ周辺の都市。そこの劇場で『ベイビー・オブ・マコン』という芝居が始まる。内容は、収穫がなく、飢饉が広まり、そのため家畜も人間も子供を産まなくなった世に、ある一人のグロテスクな女性が玉のような男子を産む。人々は奇跡の子だと崇め始める。それを利用して、男子の姉は、この子は処女懐妊をして産んだ自分の子で、自分をマリアの再来のように振るまい、権力を持ち始める。それを認めない教会と対立して事件が大きくなっていく。劇が進むにつれ、舞台と、来賓で来ていたメディチ家の末裔コシモ・デ・メディチ３世の一行、客席の観客が混ざり合い始め、混沌としていく。さらに、外から来た都市の自警団も加わっていき、舞台と現実が混ざり合い、全体が劇場化して、血みどろの惨劇や暴力劇へとなっていく……。

姉と対立しながらも関係を持つ、教会の司祭の息子を、次に『シンドラーのリスト』で狂気のSS役に抜擢されるレイフ・ファインズが演じている。

監督＋脚本：ピーター・グリーナウェイ　　　出演：ジュリア・オーモンド／
製作：キース・カサンダー　　　　　　　　　レイフ・ファインズ／フィリップ・ストーン／
撮影監督：サッシャ・ヴィエルニー　　　　　ジョナサン・レイシー／ドン・ヘンダーソン

1993年／イギリス・ドイツ・フランス／122分
1993年12月公開

ベイビー・オブ・マコン
≪無修正HDリマスター版≫
DVD発売中
価格：¥1,900＋税
発売・販売元：キングレコード

homage to 『ベイビー・オブ・マコン』

ボディー・プリン
Body Pudding

材料（1婦人分）
卵黄…11個分
全卵…2個
ブラウンシュガー…200g
牛乳…500ml
バニラビーンズ…1本
ぶどう（デラウェア）…2粒

1 ボウルに卵黄とブラウンシュガーを入れ、よく混ぜる。

2 鍋に牛乳とバニラビーンズをさやごと入れ、火にかける。細かな泡が立ち始めたら火を止める。

3 1に全卵を加えて混ぜ、2を静かに注ぐ。

4 こし器で3をこし、大きめのご飯茶碗2個に流し入れる。

5 天板に湯を張って、140℃のオーブンで2時間半ほど湯せん焼きにする。

6 粗熱がとれたら茶碗から取り出す。

7 240℃のオーブンでさっと焼いた（約3分）ぶどうを添える。

＊ 小さなおっぱいならば、型は湯のみ茶碗数個を使う。1時間半くらいで焼ける。

＊ ココアとパプリカパウダーを大さじ2ずつ加えるとさらによい香りになる。

この映画にはたくさんの料理が登場します。
パーティーの食卓にはコンポート皿にパイナップルがおしゃれに盛りつけられていましたし、およそ食べものというよりはアクセサリーとでも呼びたいような数々の料理が食卓を飾っていました。
お盆におっぱい、も出てきましたが、それはピンク色のババロアのようなものなんだと思います。さて、そんなおっぱいをプリンで作ってみましたので作り方を紹介しましょう。

D I

1981年／フランス／118分
1994年3月公開

'81年にフランスで公開されたジャン＝ジャック・ベネックス監督の
長編デビュー作『ディーバ』は映画界にもニューウエーブが到達した
という衝撃を与えた。時代がかったレ・アールの市場跡に誕生したポ
ンピドゥー・センターの未来感、ベトナムやアフリカからの移民が台
頭し始めたミックス感のある'80年頃のパリを描いた映画。犯罪スリ
ラーでもあり、みずみずしい青春映画でもある。主人公はオペラ・マ
ニアの郵便配達員、ジュール。ある晩、録音不可の黒人のディーバの
リサイタルを愛機のNagra社のレコーダーで密かに録音する。その
テープを狙う台湾のブートレガーと、別の犯罪絡みのテープを追う殺
し屋が交錯しあい、ジュールはパリを逃げ回ることになる……。

VIVA

ディーバ

ディーバ
DVD 発売中
価格：¥1,900+ 税
発売・販売元：KADOKAWA

監督＋脚本＋台詞：ジャン＝ジャック・ベネックス
原作：デラコルタ
共同脚本：ジャン・ヴァン・アム
撮影：フィリップ・ルスロ
製作：イレーヌ・シルベルマン

出演：フレデリック・アンドレイ／
ウィルヘルメニア・フェルナンデス／
ロラン・ベルタン／リシャール・ボーランジェ／
ジェラール・ダルモン／シャンタル・ドリュアズ

La Salade 禅oise

Ingrédients :

sauce, vinegrette, capres., anchois, œufs, olives, pois mange tout,
endive, pommes de terre, oignons, poireaux japonaise, riz noir,
lentilles, œufs de morue, fumee de saumon, fumee de morue,
crevettes, pieuvre, essence de zen (pleur?)

recette :

1. Faites cuire les pommes de terre les pois mange tout l'œufs
   aux crevettes.
2. Faites cuire du riz noir aux pois mange tout bien.
3. Coupes les poireaux japonais.
4. Coupes beaucoup des oignons.
5. Mettez tout 1 ingrédients dans un bol, remuez avec de la sauce.
6. Additionnez de essence du zen.

たまにはレシピをフランス語で。この映画の気分に浸るにはこれが一番。

homage to 『ディーバ』

生玉ねぎのサラダ・ゼノワーズ

La Salade ZENoise

材料（作りやすい分量）

フレンチドレッシング：
レモン汁（または白ワインビネガー）
…大さじ4
オリーブオイル…120ml
塩、こしょう…各適量
ケイパー、アンチョビ、ゆで卵、
オリーブ、さやえんどう、
アンディーブ、じゃがいも、玉ねぎ、
長ねぎ、ワイルドライス、
レンズ豆、たらこ、スモークサーモン、
スモークたら、小えび、
ゆでだこ、禅エッセンス（涙）
…各適量

1 フレンチドレッシングを作る。小さめのボウルに塩、こしょう、レモン汁を合わせ入れ、オリーブオイルを少しずつ加えながら泡立て器で混ぜる。

2 じゃがいもはひと口大に切る。さやえんどうは筋を取る。小えびは背ワタがあれば取る。じゃがいもは水から、さやえんどうと小えびは沸騰した湯でそれぞれゆでる。

3 ワイルドライスはさやが割れるくらいまで、レンズ豆はたっぷりめの水で、それぞれ水からゆでる。

4 長ねぎは青い部分に縦に数本切り目を入れる。玉ねぎは涙が出るまでたっぷり薄切りにする。たらこ、スモークサーモン、スモークたら、ゆでだこ、ゆで卵は食べやすく切る。アンディーブは葉をはがす。

5 2～4の材料（長ねぎとアンディーブ以外）とケイパー、オリーブをボウルに入れ、アンチョビをちぎって加え、ドレッシングで和える。好みの器に入れ、長ねぎとアンディーブを飾る。

6 禅エッセンスを数滴ふりかける。

アリゾナ・ドリーム
Arizona Dream

1992年／フランス／140分
1994年7月公開

次作『アンダーグラウンド』で、自国旧ユーゴスラビアの戦後政治史を複雑怪奇なコミックオペラにしたてあげたエミール・クストリッツァが、アメリカ南西部のアリゾナを舞台に作った映画。ヨーロッパ監督らしいアメリカ映画への偏愛を感じさせる作品で、『底抜け』シリーズのジェリー・ルイスと『俺たちに明日はない』のフェイ・ダナウェイが重要な役で出演している。

NY の水産局で魚の調査をするアクセル（ジョニー・デップ演）は、エスキモー家族の寓話めいた夢を見る。故郷のアリゾナでアメリカン・ドリームを体現したかのようなピンクのキャデラックを売るカー・ディーラーの叔父（ルイス演）とその息子（ヴィンセント・ギャロ演）に呼び戻され、カー・ディーラーを手伝うことになる。そこに来店した裕福な未亡人エレイン（ダナウェイ演）と、義理の娘グレース（リリ・テイラー演）に惹かれ、アクセルは平原にポツンと建つ彼らの一軒家に一緒に住み始める。アクセルとエレインは、親子ほどある年の差を超えて愛し合う。

エレインが憧れる小型飛行機による飛行や、グレースの奏でるアコーディオンの響きや、アクセルが見た夢の中のエスキモーが釣り上げる「オヒョウ」の泳ぎが、ウェスタン映画に出てくるようなかわいた平原の上に、夢のように描かれていく……。

監督＋脚本：エミール・クストリッツァ
プロデューサー：クローディー・オサール
プロデューサー (UGC)：イヴ・マルミオン
共同プロデューサー：リチャード・ブリック
総指揮：ポール・R・グリアン
脚本：デヴィッド・アトキンス
音楽：ゴラン・ブレゴヴィッチ
主題歌：イギー・ポップ

出演：ジョニー・デップ／
ジェリー・ルイス／
フェイ・ダナウェイ／
リリ・テイラー／
ヴィンセント・ギャロ／
ポリーナ・ポリスコワ

今夜の食事は魚？

それともコーンフレーク？

うちわサボテン？

コーラ煮がいいね。一気に沸かすと噴きこぼれちゃって

大変になっちゃうから弱火でふつふつ煮てね。

ちゃあんと砂漠に似合う味に作れます。

homage to 『アリゾナ・ドリーム』

スペアリブのコーラ煮

Cola Ribs

材料（作りやすい分量）
スペアリブ…4本
玉ねぎ…2個
コーラ、ビール…各2カップ
塩、こしょう…各少々
オリーブオイル…少々
A：
オレガノ、セージ、タイム…各少々
トマトペースト…大さじ2

トマトのコーラ煮（材料・4個分）
トマト4個を丸ごとコーラ600mlで
煮る。少しエグイがよく冷やせば、
そこそこなもの。

1 玉ねぎは薄切りにする。

2 スペアリブに塩、こしょうをすり込む。

3 鍋にオリーブオイルを熱し、スペアリブ
の表面を焼く。焼き目がついたら玉ねぎ、
コーラ、ビール、Aを加え、肉がやわら
かくなるまで煮る。

＊ ドッグロールに切り目を入れ、スペアリブ
をはさんで食べても。

カウガール・ブルース
Even Cowgirls Get the Blues

1993年／アメリカ／96分
1994年10月公開

ガス・ヴァン・サント監督による、トム・ロビンズが書いた'70年代のカルト小説の映画化。メジャー映画で、女性のLGBTを扱った初期の作品でもある。

『キル・ビル』でもおなじみのユマ・サーマン演じる主人公シシーは巨大な親指を持って生まれてきた。つまり、生まれついてのヒッチ・ハイカーである。ハイウエイで親指を上げれば、すぐに車が止まってくれる。彼女は生理用品の広告モデルをして生計を立てていたが、ある日、現在の#MeToo運動にもつながる、女性の自由で解放的な生き方を求めて、アメリカ中をヒッチハイクの旅に出ることにする。シシー曰く「ノンストップで127時間ヒッチハイクをし、6日で2回も大陸を往復して、太平洋と大西洋の両方で親指を冷やしたものよ」。旅の途中で、彼女はいろいろな人に会う。『ベスト・キッド』のメンター役パット・モリタ演ずる隠遁者や、キアヌ・リーブス演じるインディアンのアーティスト。そして、牧場で出会うカウガールのジェリービーンとは恋に落ちる。演じるレイン・フェニックスはリヴァー・フェニックスの実妹（右ページ写真の左側）。

音楽は、保守的なカントリーの世界で、自らLGBTであることを公表したk.d.ラングが担当している。主題歌のMVも、バイクの後ろにユマ・サーマンを乗せて走る姿が男前。

監督＋脚本：ガス・ヴァン・サント	出演：ユマ・サーマン／
製作：ローリー・パーカー	ジョン・ハート／
撮影：ジョン・キャンベル／エリック・アラン・エドワーズ	レイン・フェニックス／
音楽：k.d.ラング／ベン・ミンク	ノリユキ・パット・モリタ／
編集：カーティス・クレイトン／ミッシー・スチュワート	キアヌ・リーブス／
原作：トム・ロビンズ	ロレイン・ブラッコ

親指がうんと大きくたってへっちゃらです。繊細さのないパンなんだもん！

指の2、3本もあれば、そして手のひらがあれば大丈夫、作れます。

硬いワイヤー入りのブラジャーを脱いで、素肌に革のベスト着て、

または胸にコットン巻きつけて。かっこよく。

用意はいいかな？

homage to 『カウガール・ブルース』

コーヒーカップ・コーン・ブレッド

Coffee Cup Corn Bread

材料（直径7〜8cmのカップ約4個分）

A：

コーンミール…80g

熱湯…1カップ

塩…小さじ1/2

牛乳…125ml

ぬるま湯…1/2カップ

B：

イースト…9g

強力粉…260g

ブラウンシュガー…大さじ1

塩…小さじ1/2

ラズベリー、アボカド、コーンチップス、
バター、ハチミツなど…各適量

1 鍋にAを入れて火にかけ、ヘラで練りながら煮る。透き通ってきたら火を止め、そのまま冷ます。

2 別の鍋に牛乳とぬるま湯を入れ、人肌ぐらいの温度に温める。Bを加えて100回くらい力を入れてヘラでこねる。

3 ボウルに1と2を合わせ入れ、よく混ぜる。ラップをかけて、1時間ほどあたたかいところ（日なたでもいい）にでもおいておく。……こんな時にギターを弾く。歌う。でも、ヒッチハイクには行かない。戻ってこれないかも知れないもん。

4 3をゲンコで押してガス抜きをする。陶器のカップの内側にバター（分量外）を薄くぬり、8分目まで3を入れる。ラップをかけ、10分ぐらいおく。

5 アボカドは皮をむいて塩適量（分量外）をまぶす。ラズベリーは丸ごと、コーンチップスは手でちぎってそれぞれ適当に4に埋めこむ。200℃のオーブンで30〜40分焼く。

＊ 焼き上がりにバターやハチミツをかけよう！

The Basketball Diaries

バスケットボール・ダイアリーズ

『ロミオ＆ジュリエット』のロミオ役、そして『タイタニック』のジャック役で、世界のアイドルになる直前の初々しいレオナルド・ディカプリオの初主演作。青春映画ではあるが、NYの高校生のセックス、ドラッグ＆バスケットボールな世界。原作は、詩人ジム・キャロルが、中高生時代に綴っていた日記をまとめた本（日本語訳も出版されている）。

主人公ジムは、バスケットボールにうち込みながら、13歳頃から仲間と始めたヘロインにはまり、母との諍いがおさまらない。麻薬欲しさに盗みなどの犯罪に手を染め、大事なバスケットの試合の前にドラッグをやってフラフラになり、学校を退学になり、家から追い出される。前作の『ギルバート・グレイプ』で見せたナイーブで頼りない少年のリリカルな演技と違い、ドラッグに溺れ、惨めでボロボロになって、禁断症状にのたうち回る。アイドル映画を期待されていたので、ファンの間で物議をかもす。

友人役に、同じく'90年代の青春スターだったマーク・ウォールバーグ、『ギルバート・グレイプ』でも共演したジュリエット・ルイスも出演。

監督：スコット・カルヴァート
製作：リズ・ヘラー
製作総指揮：ダン・ジェネッティ
撮影：デイビッド・フィリップス
プロダクション・デザイン：クリストファー・ノウォク

出演：レオナルド・ディカプリオ／
マーク・ウォールバーグ／
ブルーノ・カービー／
ロレイン・ブラッコ／
アーニー・ハドソン／
ジュリエット・ルイス

1995年／アメリカ／102分
1996年1月公開

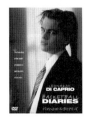

バスケットボール・ダイアリーズ
DVD発売中
販売元：20世紀フォックス ホーム
エンターテイメント ジャパン

キャベツやレタス入りの
マッシュポテト (コルカノン)

Vitamin Mashed Potatoes

材料(友だちとあなたの分)
じゃがいも…6個
長ねぎ…1本
キャベツ…1/4個
レタス…1/2個
サラダ菜…1個
バター…大さじ3
生クリーム…1カップ
塩、こしょう…各適量

1 じゃがいもは適当な大きさに切る。鍋に
じゃがいもと塩少々とかぶるくらいの水を
入れ、火にかける。じゃがいもがやわらか
くなったら熱いうちにつぶす。

2 長ねぎ、キャベツ、レタス、サラダ菜を粗
みじんに切る。

3 鍋にバターを入れて溶かし、長ねぎの青い
ところを透き通るまで炒める。

4 生クリームと1のじゃがいもを加え、煮
立ったらキャベツ、レタス、サラダ菜を加
えて塩、こしょうをふる。パンにのせても、
ゆでたキャベツにのせて食べてもいい。

どうしようもできない。クスリよりごはんの方がおいしいとは、
なかなか説得させられない。どうしようもできない。
だからアタマにくる。
きっときっときっとしゃきしゃきした野菜のかみごたえは
素敵なものだと思うのに言葉が通じない。

トレインスポッティング

1997年／イギリス／93分　1997年9月公開

'90年代のスコットランド／イギリスの若者像を即物的に見つめ、逆にポップに描いた映画、そうしたら、世界中で大ヒットになった。身も蓋もない言い方をすれば、イギリス若者文化に広く深く蔓延した、失業とドラッグの問題だ。スコットランドの作家、アーヴィン・ウェルシュの小説を、新進のダニー・ボイルが監督をした。エディンバラを舞台に主人公たちは、ただただドラッグを中心に暮らしている。家族との軋轢、中毒による悪夢と禁断症状、薬を買うための万引き、様々なトラブルが描かれるが、結局、失業とドラッグの連鎖を断ち切るしか、人生を取り戻せないのだ。そして、ユアン・マクレガー演じるレントンは、人生を取り戻すべくロンドンへ向かう。この映画からは、ダニー・ボイルやユアン・マクレガーだけでなく、ロバート・カーライルも輩出し、テーマ曲のアンダー・ワールド『ボーン・スリッピー』も時代のアンセムとなった。

Trainspotting

監督：ダニー・ボイル
製作：アンドリュー・マクドナルド
脚本：ジョン・ホッジ
原作：アーヴィン・ウェルシュ
撮影：ブライアン・テュファーノ
編集：マサヒロ・ヒラクボ
プロダクション・デザイン：ケイヴ・クイン
衣装：レイチェル・フレミング

出演：ユアン・マクレガー／
ユエン・ブレンナー／
ジョニー・リー・ミラー／
ケヴィン・マクキッド／
ロバート・カーライル／
ケリー・マクドナルド／
ピーター・ミューラン／
アーヴィン・ウェルシュ

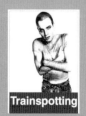

トレインスポッティング
好評配信中
アスミック・エース

イギリスって何食べてもおいしくないんだってよ

なんてことはもはや誰も言いません。
以前はよく言われたものですが。

イギリスっていってフィッシュ＆チップスじゃしょうがないよ、な
フィッシュ＆チップスをトレインスポッティングで彼らは実際食べていた。

ふむ。
もしやこれからはハーブを使った「フレッシュトマトとバジルのパスタなんかが
世界共通のスタンダードになるんじゃなくて、国際的ローカルが流行って行くのか？」
となんとなく感じました。
（日本でゆるキャラやご当地グルメなどが流行るおよそ10年も前のことです）

ま、それはともかく。
The CONRAN SHOPでテーブルを買う人のような、
JO MALONEのオーガニック香水を買う人のような、
王室の新しい家族のような人が
好んで食べるチャイブ、クコの実、ガスパチョ、スイカを使ったサラダ、
アーモンドミルク、レバノンのサラダであるタブーラなどなどなど……
なんて食べものはマーク・レントンには無理だと思うね。
さあ、日本でありつけないほどの、
とびっきり大きいフィッシュ＆チップスの作り方を教えよう！

homage to『トレインスポッティング』

フィッシュ＆チップス
Fish and Chips

材料（1人1枚、1人分）
フィッシュ
（たらやサーモンやカレイなどの魚。条件はベ
ロンと大きいものであること。今回は生だら
の半身を売ってもらってきたが、とにかく条
件はベロンと大きいこと）…1枚

溶き卵、薄力粉、コーンミール、
揚げ油、塩、こしょう、
モルトビネガー（または酢）、
じゃがいも…各適量

1 フィッシュの両面に塩、こしょうをふる。
表面に薄力粉をはたき、溶き卵にくぐら
せ、コーンミールをまぶす。

3 じゃがいもは棒状に切る。

4 揚げ油を低温に熱し、じゃがいもがなん
となくやわらかくなるくらいまで揚げて
ざるにとる。

5 衣をつけたフィッシュは低温でじっくり
揚げる。

6 揚げ油を高温に上げ、ざるにとっておい
たじゃがいもを再び揚げる。今度はカ
リッとなるくらいに！ モルトビネガー
をふりかけて食べよう。

ファーゴ

FARGO

1996年／アメリカ／98分
1996年11月公開

ファーゴ
Blu-ray 発売中
販売元：20世紀フォックス
ホーム エンターテイメント ジャパン

ジョエルとイーサンのコーエン兄弟の監督による"田舎の事件簿"。タイトルバックで実話の映画化と映し出される。'87年に起きた実際の犯罪事件から材を採っている。舞台はノース・ダコタ州のファーゴ、州の最大の都市だがWikipediaによると人口は10万人程度。冬は雪に閉ざされる田舎の都市で、うだつの上がらない婿養子の男が、地元の名士である実業家の養父から与えられた仕事をごまかすことから起こっていく殺人事件。この地方紙の記事にしかならない事件を、絶妙な脚本とキャスティングで、ヒチコックの『ハリーの災難』のようなブラック・コメディに作り上げている。あからさまな誇張は使わず、すべてのキャラクターが少しずつおかしく、お互いのかみ合わなさが、ストーリーのツイスト感を生み、雪だるま式に大きなユーモアを生んでいく。

主役の女性警察官マージを演じるのは、ジョエル・コーエンの妻でもあるフランシス・マクドーマンド。半テンポずれたゆったりした間合いながら、最後に緊迫したサスペンス感を持たせる役作りでアカデミー主演女優賞など、様々な映画賞を受賞。

印象に残る雪の中の事件現場など、撮影は名手ロジャー・ディーキンズ。

監督＋脚本：ジョエル・コーエン
製作＋脚本：イーサン・コーエン
撮影：ロジャー・ディーキンズ
プロダクション・デザイン：リック・ハインリスク
衣装：メアリ・ゾフレス
音楽：カーター・バーウェル
編集：ロデリック・ジェインズ
製作総指揮：ティム・ビーヴァン／エリック・フェルナー

出演：フランシス・マクドーマンド／
スティーブ・ブシェーミ／
ウィリアム・H・メイシー／
ピーター・ストーメア／
ハーヴ・プレスネル

homage to 『ファーゴ』

スミュアブローズ
Smørrebrød

材料（作りやすい分量）
ライ麦パン…適量
好みの具（ハム、チーズ、野菜、アンチョビ、ゆでたえび、
ケイパー、ピクルス、酢漬けの魚）など…適量
サワークリーム…たっぷり
バター…たっぷり

パンにバターまたはサワークリームをたっぷりぬって、
好みの具材を適量のせる。

酢漬けの魚

材料（作りやすい分量）
さば（またはにしん）…1尾
白ワイン…適量
A：
にんじん（薄切り）…1/2本分
玉ねぎ（薄切り）…1/2個分
レモン（薄切り）…1と1/2個分
セロリ（薄切り）…1/2本分
パセリの茎…3本
ベイリーフ…1枚
白こしょう…20粒
タイム…適量
塩…適量

1 さばは3枚におろし、皮をむいて目立つ小骨は取る。塩をたっぷりふる。
2 鍋にさばを入れ、かぶるくらいに白ワインを注ぐ。Aを加えて火にかけ、煮立ったら弱火にして20分ほど煮る。
3 味を見てしっかりしょっぱく、酸っぱくなっていたら、鍋中でそのまま冷ます。

ファーゴに似合う食事が少ない。ファーゴを見てお腹が空いてはいけないのだ。
ひき肉で何か夕食を作ろうなんて……滅相もない。

トンチンカンかもしれないけれど、ファーゴにスカンジナビアの料理はどうだろう。
スミュアブローズ（スカンジナビアのオープンサンドイッチ）を食べると、
頭の中でスイッチが入り、スカンジナビアのフォークソングが聴こえて、
うっすらとファーゴを思い出す。

（忘れた頃にテーブルをクロスも食器も真っ白で揃えて、白い小さな皿にラズベリーを
溢れんばかりに盛りつけ、遠目で見て……衝撃的にファーゴを強く思い出す。
再び見たくなる……そしてそんなことを繰り返してコーエン免疫がしっかり
ついてくると夜明け前出勤に卵を焼いてくれるダーリンを探すようになる。）

＊ファーゴの音楽はカーター・バーウェル。スカンジナビア民謡をフィーチャー。

ラリー・フリント

The People vs. Larry Flynt

1996年／アメリカ／129分
1997年8月公開

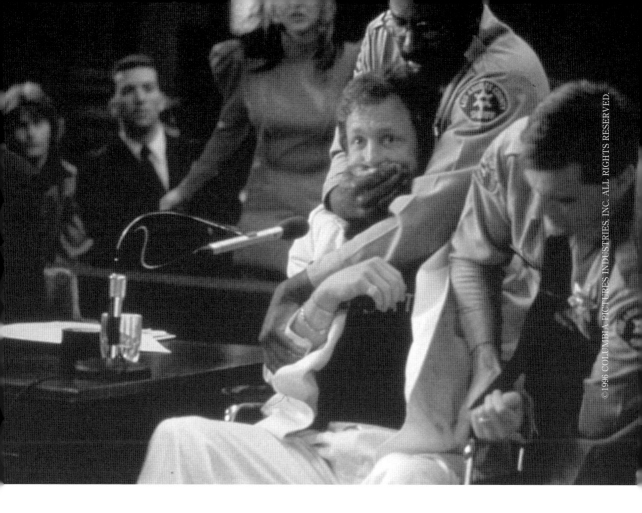

オリジナルのタイトルは『ピープル VS. ラリー・フリント』、つまり、映画の主人公であるラリー・フリントと、アメリカの一般の人々との軋轢の話だ。テーマに関しては、監督のミロシュ・フォアマンの背景を知る必要がある。フォアマンはチェコスロヴァキアで生まれ、父は反ナチ活動で死亡し、母はアウシュビッツ収容所で死亡。戦後、親戚や友人宅を転々としながら映画監督になり、アメリカに移住して、『カッコーの巣の上で』、『アマデウス』といった傑作を監督した。つまり、人権や個人の自由といった、ファシズムが無視していく、基本的な人間の権利を重視している。映画のプロデュースにはオリバー・ストーンも加わっている。

ラリー・フリントは、'74年にアダルト雑誌『ハスラー』を創刊した発行人だ。マリリンのヌードを掲載した『プレイボーイ』の'70年代版ともいえるが、『ハスラー』は性器そのものをオープンにし、コート紙にハイクオリティに印刷した。それだけでなく、ジャクリーヌ・オナシス（元ケネディ夫人）のオールヌードを盗撮掲載するなど、あらゆる権威的モラルにも反旗を翻した。それによってたくさんの起訴を受け、表現の自由に関する裁判を闘うことになり、また、狂信者により銃撃され、車椅子生活を余儀なくされることになる……。

監督：ミロシュ・フォアマン
製作：オリバー・ストーン／ジャネット・ヤン／
マイケル・ハウスマン
脚本：スコット・アレクサンダー／ラリー・カラゼウスキー

出演：ウディ・ハレルソン／コートニー・ラヴ／
エドワード・ノートン／ブレット・ハレルソン／
ドナ・ハノーヴァー／ジェームズ・クロムウェル

ラリー・フリント
コレクターズ・エディション
DVD 発売中
価格：¥1,400＋税
発売・販売元：ハピネット

ぴかぴかのハンバーガー。
料理としちゃあ普通だけれど、
飾り方がイカしてます！
アルミホイルじゃないよ、
エディブルスイルヴァァァです。

homage to 『ラリー・フリント』

星と銀のハンバーガー
The Stars and Designs

材料（1個分）
ハンバーガー用のバンズ…1個
食用銀箔…5g
卵白…少々
赤ピーマン（大）…1/2個
牛ひき肉…150g
フリルレタス…1/2枚
トマトの輪切り…1枚
玉ねぎの輪切り…1枚
塩、こしょう…各適量
トマトケチャップ、マスタード…各適量
ポピーシード…少々
オリーブオイル…適量

1　バンズは横半分に切って上側を赤ピーマンとともに星型の抜き型でくりぬく。

2　ボウルにひき肉を入れ、塩、こしょうをふってよく練り混ぜる。丸く平たく形作る。

3　フライパンにオリーブオイルを熱し、2を両面焼く。

4　3と1のバンズの表面に卵白をぬり、手早く銀箔を貼る。下になるバンズにレタス、ハンバーグ、トマト、玉ねぎを重ねのせ、マスタードとケチャップをかけて上になるバンズをかぶせる。

5　星の赤ピーマンをバンズにはめこみ、ポピーシードをふる。

ブエノスアイレス

Happy Together

1997年／香港／96分
1997年9月公開

シネマライズで'96年に公開され大ヒットした、香港を舞台にした『天使の涙』のウォン・カーウァイ監督が、'97年の香港返還という節目の年に発表した作品。今度は、逆に香港の真裏にあたるアルゼンチンを舞台にして、チェン・カイコー監督の『さらば、わが愛 覇王別姫』のレスリー・チャンとカーウァイ監督の『恋する惑星』のトニー・レオンという2大スターによる"男たちのラブ・ストーリー"になった。カンヌ国際映画祭にも公式出品され、最優秀監督賞を受賞。香港だけでなく、インターナショナルな監督になったウォン・カーウァイの作品。

「とりあえず、香港ではなく海外で撮影したい」「中南米文学から影響を受けている」「香港ではいまだLGBTに取り組んだ作品がない」ということから企画が始まった。他のカーウァイ作品同様に、文学的なテーマ設定、カルチャー的な舞台設定、画面のトーン設定など、設定のコンセプトを徹底的に作りこんだうえ、台本はウォン・カーウァイの頭の中だけにしかなく、即興的な演出をするという手法。そのため、二人のスーパースターのスケジュールと相まって、地球の反対側での撮影のスケジュール調整は困難を極めたという。

監督＋脚本＋製作：ウォン・カーウァイ
製作総指揮：チャン・イーチェン
撮影：クリストファー・ドイル
音楽：ダニー・チョン　美術：ウィリアム・チョン
編集：ウィリアム・チョン／ウォン・ミンラム

出演：トニー・レオン／
レスリー・チャン／チャン・チェン

ブエノスアイレス
好評配信中
アスミック・エース

73

映画を見て「あ、そうなんだ」と思いました。「アルゼンチンは香港の裏側にあるんだ」って。膝をぱちんと打ちたい気持ちです。なんだか足の裏が温かくなってくる。真裏にある国は特別か？アフリカのモロッコの裏にはフィジー島やトンガ。ニュージーランドの裏にはスペイン。タイの裏にはペルー。沖縄の裏にはパラグアイ。ブルガリアの裏にはタスマニア。冬と夏が逆になる。地面を掘っていけばブラジルに行けるってのは日本での定番のギャグ。麻婆豆腐が香港の料理でも、ブエノスアイレスの料理というわけでもないのだけれど、おいしい麻婆豆腐の作り方を教えよう。今夜は食べることよりも、調理場に立つことだ。

homage to 『ブエノスアイレス』

トマト麻婆豆腐・チリビーンズ麻婆豆腐
阿根廷 - 香港・豆腐

トマト麻婆豆腐

材料（2人分）

木綿豆腐…1丁

豚ひき肉…200g

長ねぎ（みじん切り）…1本分

しょうが（みじん切り）…1/2かけ分

にんにく（みじん切り）…1片分

豆豉…大さじ1

豆板醤…小さじ1〜

一味唐辛子、粉山椒、ごま油、
オリーブオイル…各適量

トマト（ざく切り）…1個分

ししとうがらし（みじん切り）…2本分

1　豆腐は水から丸ごと20分ゆでる。

2　中華鍋にごま油とオリーブオイルを合わせてたっぷり熱し、長ねぎ、しょうが、にんにくを炒める。香りが立ったらひき肉を加えて炒め、ひき肉に火が通ったら調味料類を加えて炒め合わせる。

3　1の豆腐をざっくり切り、トマト、ししとうを加え、赤い油が表面ににじみ出てくるまで強火で炒める。

チリビーンズ麻婆豆腐

材料（2人分）

木綿豆腐…1丁

チリビーンズ缶詰（市販）…1個（約400g）

ハラペーニョの水煮（輪切り）…2本分

豆板醤…小さじ1〜

白こしょう、ごま油、オリーブオイル
…各適量

1　豆腐は水から丸ごと20分ゆでる。

2　中華鍋にごま油とオリーブオイルを合わせてたっぷり熱し、チリビーンズと豆板醤を入れて炒める。

3　1の豆腐をざっくり切り、ハラペーニョとともに加え、赤い油が表面ににじみ出てくるまで強火で炒める。

4　白こしょうをたっぷり加える。

ブレイブ
The Brave

自身チェロキーの血を引くジョニー・デップの監督作。実の兄とともに脚本にも参加、主演もしている。多人種が自由平等に暮らすことが謳われるアメリカで、アメリカ先住民は"ネイティブ"という肩書きと居留地を与えられているが、それは名目だけで、実際には隔離され、差別を受け、仕事もなく、多層社会の一番下に置かれているのが現実。その、人生を金という価値と交換していくアメリカ社会の中で、Brave＝勇気という、真にネイティブ的な精神の価値を家族に残そうという男の物語。

まるで黒澤明の『どですかでん』の舞台のようなゴミ収集場そばの、水道もきていないトレーラー・ハウスで暮らす主人公ラファエルは、犯罪を常習し、刑務所にも入っていたため、仕事にもありつけない。狭いトレーラーで妻と二人の子供の行くすえを悩み、バーで横に座った男から誘われた仕事を引き受けてみることに。殺風景な倉庫ビルで、ラリーという謎の男から面接を受け、通された先の、暗い拷問椅子のある空間で、マーロン・ブランドが客演する怪物的人物マッカーシーから、まわりくどく抽象的な人生論を聞かされる。それは、暗に自分の命と金の交換の提示だった。前金を受け取ったラファエルの生の猶予は一週間。トレーラーに戻ったラファエルは、Braveという価値を求めながら日々を過ごしていく……。

監督：ジョニー・デップ
脚本：ポール・マクカドン／ジョニー・デップ／D. P. デップ
製作：チャールズ・エバンス・ジュニア／キャロル・ケンプ
製作総指揮：ジェレミー・トーマス
共同製作：ダイアン・バトスン・スミス
原作：グレゴリー・マクドナルド
音楽：イギー・ポップ

出演：ジョニー・デップ／
マーロン・ブランド／
エルピディア・カリロ／
マーシャル・ベル／
フレデリック・フォレスト／
イギー・ポップ

1997年／アメリカ／123分
1998年3月公開

ブレイブ
Blu-ray 発売中
価格：¥2,000 ＋税
発売・販売元：ギャガ

このパンはぶどうパン。コーヒー味の砂糖の上にまぶされたココナッツが、
もしゃもしゃしたくまのぬいぐるみふうです。
このくまは映画のように大事に洗濯して干すことはできませんが、
そのかわり大事に食べてください。
とてもおいしいです。

homage to『ブレイブ』

ぬいぐるみパン

Jacket Salad

材料（3匹分）

レーズン…450g

ラム酒…80ml

ドライイースト…小さじ4

ブラウンシュガー…大さじ3

ぬるま湯…190ml

バター（食塩不使用）…110g

塩…小さじ2

卵…2個

強力粉…500g

スキムミルク…20g

1 小鍋にラム酒を入れ、火にかける。ボウルに
 レーズンを入れ、煮立ったラム酒を上からか
 け、ラップをふんわりかけてふやかす。

2 ドライイーストとブラウンシュガー半量をぬ
 るま湯で溶かす。

3 ボウルに室温にもどしたバターを入れ、泡立
 て器でクリーム状になるまで混ぜ、塩を少し
 ずつ加える。溶きほぐした卵を1個ずつ加え
 て混ぜる。完全に混ざったら、2、残りのブラ
 ウンシュガー、強力粉、スキムミルクを加え、
 手でよくこねる。

4 レーズンの汁けをきって3に加え、まんべん
 なく混ぜてひとつにまとめる。大きめのボウ
 ルに入れ、ラップをかけてあたたかいところ
 に50分ほどおく。

5 天板にオーブンペーパーを敷く。生地を3等
 分し、それぞれくまのような形にひねりなが
 ら整え、ラップをかけてさらに15分ほどおく。

6 180℃のオーブンで20～30分焼く。

コーヒー味のアイシング

材料（3匹分）

卵白…2個

レモン汁…少々

インスタントコーヒー…大さじ1

パウダーシュガー…500g

ココナッツフレーク…400g

チョコレートペン…適量

1 ココナッツフレークを180℃のオーブンで5～
 6分焼く。

2 ボウルに卵白とレモン汁を入れて泡立て器で
 混ぜ、インスタントコーヒーを加えてさらに
 混ぜ合わせる。パウダーシュガーを2回に分
 けて加え、ツヤが出るまでゴムベラでよく練
 る。

3 焼き上がったぬいぐるみパンの粗熱がとれた
 ら全体にアイシングをぬり、ココナッツフレー
 クをていねいにまぶしつける。

4 チョコレートペンで顔と花の模様を描く。

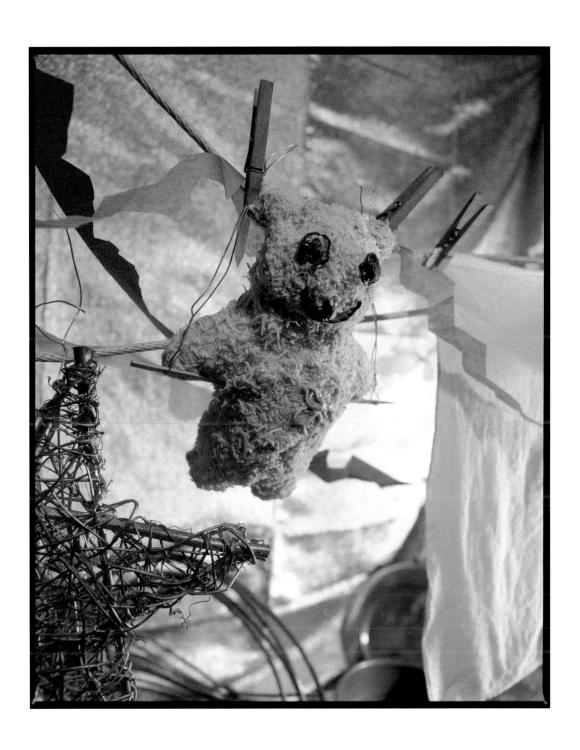

ムトゥ 踊るマハラジャ
Muthu

'90年代には、インドのムンバイに"ボリウッド"という映画の都があって、インドは世界最大の映画産業の国だという話が日本にも届き始めていた。が、この映画がシネマライズで公開されるまでは、インドのミュージカル付き娯楽映画を大きなスクリーンで観る楽しさを味わえることはなかった。

南インド地方でメガヒットを記録した『ムトゥ 踊るマハラジャ』では、主演のラジニカーントとミーナという二人のスーパースターが、いがみ合いから熱愛に発展するラブストーリー。使用人だったのが実は正当な跡継ぎだったとか、憎らしいくらいの悪役や、無理難題の困難に見舞われるとか、わかりやすくもジェットコースターのような"物語"が展開され、要所要所にMTVのようなミュージカル・シーンと、香港カンフー映画のようなアクション・シーンがはさみ込まれる、まさに、痛快娯楽の王道。

1995年／インド／166分
1998年6月公開

ムトゥ 踊るマハラジャ
≪4K & 5.1ch デジタルリマスター版≫
Blu-ray 発売中
価格：¥4,500 ＋税
発売・販売元：ポニーキャニオン

監督＋脚本＋台詞：K. S. ラヴィクマール
音楽：A. R. ラフマーン

出演：ラジニカーント／
ミーナ／
サラットバーブ／
ラーダー・ラヴィ／
センディル

ライタとはスパイシーなヨーグルト味のサラダのようなもの。

さあ、簡単に作ろう、

これで、気分は熱いインドだ。

スーパーで材料を買って、これで気分は素敵なインドだ。

バランス栄養食で作るから、これでナイスなバディだ。

保存のきく材料ばかりだから、いっぱい買っておいて、毎朝食べよう。

朝からにおうインドだ。朝からくどいインドだ。朝から濃いインドだ。

おやつにも夜食にも食べよう。足を踏み鳴らし、肉体をさらし、

バッチリ流し目でムードインディストで生活をしよう。

＊ムードインディストとはモダンな精神的インド人。

1週間に20回はカレーを、15回はライタを食べるスタイルを持つ。

homage to 『ムトゥ 踊るマハラジャ』

バランス栄養・ライタ

Easy Raita

材料（2人分）
パウチ入りのゼリー リンゴ味…1袋
ビスケット状のバランス栄養食
チーズ味、クリームチーズ味…各1本
ヨーグルトタブレット…適量
乳酸菌飲料…適量
A：
ガラム・マサラ
ターメリック、
カルダモン、クミン、
コリアンダーシード、
シナモンパウダーなど
好みのスパイス…各適量
ローズリキュール…小さじ2
ライムの輪切り、セルフィーユ…各適量

1 パウチ入りのゼリーにAを加えて混ぜる。

2 ビスケット状のバランス栄養食を割って入れ、ヨーグルトタブレットを散らす。

3 乳酸菌飲料をかける。あればローズリキュールを加え、ライムとセルフィーユを飾る。

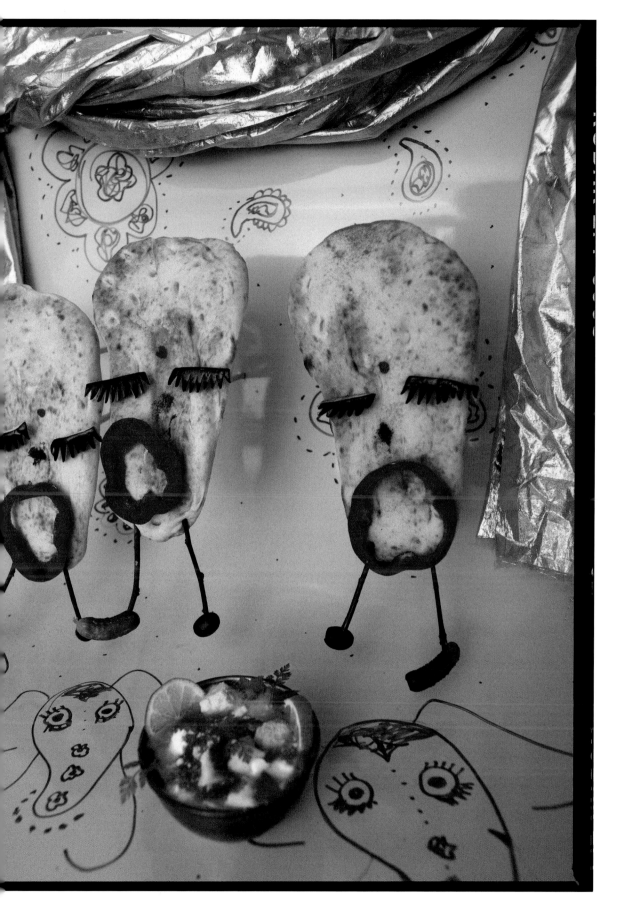

1998年／アメリカ／118分
1998年11月公開

ビッグ・リボウスキ
THE BIG LEBOWSKI

映画賞を総なめにした『ファーゴ』(p.64) の次に
コーエン兄弟が制作したのが、本作、LAを舞台
にしたオフビートな犯罪映画。

人呼んで"デュード"、つまり「やばいオトコ」、
であるジェフリー・リボウスキ（ジェフ・ブリッ
ジズ演）が、大富豪の通称"ビッグ・リボウスキ"
と間違われ、犯罪事件に巻き込まれていく。ボウ
リング仲間のウォルター（ジョン・グッドマン演）
とドニー（スティーブ・ブシェーミ演）が話をさ
らにねじらせていく役どころ。

LA-犯罪-映画といえばレイモンド・チャンドラー
の"フィリップ・マーロウもの"だが、この映画も、
マーロウよろしく、デュードの目線で事件と女に
巻き込まれ、LA周辺を巡っていく……。

監督＋脚本：ジョエル・コーエン
製作＋脚本：イーサン・コーエン
撮影：ロジャー・ディーキンズ
プロダクション・デザイン：リック・ハインリクス
衣装：メアリ・ゾフレス
音楽：カーター・バーウェル

出演：ジェッフ・ブリッジズ／
ジョン・グッドマン／
ジュリアン・ムーア／
スティーブ・ブシェーミ／
ピーター・ストーメア／
デイヴィット・ハドルストン／
フィリップ・シーモア・ホフマン／
サム・エリオット／
タラ・リード／
ジョン・タートゥーロ／
デイヴィッド・シュウリス／
ベン・ギャザラ

ビッグ・リボウスキ
Blu-ray 発売中
価格：¥1,886 ＋税
発売・販売元：
NBC ユニバーサル・エンターテイメント

ホワイト・ラシアンと
ビックリ・ピロウシキ

Cocktail and Snack for Lebowski

材料（直径12cmの
ラグビーボール形、4個分）

生地：
強力粉…200g
ぬるま湯…130ml
ドライイースト…小さじ1強
塩…小さじ1/2

A：
牛ひき肉…150g
にんにく（みじん切り）…1片分
玉ねぎ（みじん切り）…1/2個分
にんじん（みじん切り）…1/2本分
セロリ（みじん切り）…1本分
ビーツの水煮（みじん切り）…小2個分
トマトペースト…大さじ1
ドライセージ…小さじ1
ベイリーフ…1枚
ナツメグ…少々
生クリーム…50ml
塩、こしょう…各適量
オリーブオイル…少々

1 具を作る。Aのひき肉に、塩、こしょう、ナツメグを混ぜる。

2 フライパンにオリーブオイルを熱し、Aのにんにくを炒める。薄く色づいたら1を加えてぼろぼろになるまでよく炒める。

3 玉ねぎ、にんじん、セロリ、セージ、ベイリーフを加えて炒め、野菜に火が通ったらビーツとトマトペースト、生クリームを加えて炒め合わせ、塩、こしょうをふる。

4 生地を作る。ぬるま湯（人肌くらい）にドライイーストをふり入れて混ぜる。

5 ボウルに強力粉と塩を入れ、4を加えて混ぜ、生地がなめらかになるまでよくこねる。

6 大きめのボウルに生地を入れ、ラップをかけて50分ほどあたたかいところにおく。

7 生地が約2倍の大きさになったら、ゲンコでつぶしてガス抜きをする。4等分し、めん棒で薄く丸くのばして3の具を中央にのせる。半分にたたみ、合わせ目をしっかり閉じる。

8 180℃のオーブンで20分ほど焼く。

＊ ホワイト・ラシアンは、ウォッカ40ml、カルーア20 ml、生クリーム20 mlを氷適量とシェイクする。

ある日本人にとって、アルファベットで書かれた映画のタイトルを読むことは苦手である。それがカタカナで書かれていても、やはり苦手である。ある人はこの映画のタイトルは「ビックリ・ホウズキ」と読んだ。また、別のある人は「ビックリ・ボウリング」と呼んだ。そんな訳で正確にタイトルを聞くことができず、いつの間にか私はこの映画を「ビックリ・ピロウシキ」と呼ぶようになった。

愛の悪魔 フランシス・ベイコンの歪んだ肖像

Love Is The Devil Study For A Portrait of

FRANCIS BACON

1998年／イギリス／90分
1999年3月公開

愛の悪魔
フランシス・ベイコンの歪んだ肖像
配給：アップリンク

今までいくつもの映画が、フランシス・ベイコンの絵画を引用してきた。『羊たちの沈黙』のレクター博士が看守をオリに吊るす場面や、『ラストタンゴ・イン・パリ』のマーロン・ブランドのレイプ場面や、デヴィッド・リンチの『イレイザーヘッド』（p.36）も。そんな、フランシス・ベイコンの創作の秘密を描いたのが本作。サー・デレク・ジャコビがそっくりに演じるベイコンのアトリエに、後に007役に抜擢されるダニエル・クレイグ演じるジョージ・ダイアーが盗みに入る。そこから、二人は画家とモデル、マゾヒストとサディスト

の恋人関係になり、パリでの大個展での悲劇まで続く。ベイコンが通っていた伝説のバー「コロニアル・クラブ」のマダムをティルダ・スウィントンが怪演。

監督＋脚本：ジョン・メイブリィ
製作：キアラ・メナージュ
撮影：ジョン・マティエソン　美術：アラン・マクドナルド
衣装：アニー・シモンズ　音楽：坂本龍一

出演：サー・デレク・ジャコビ／
ダニエル・クレイグ／
ティルダ・スウィントン

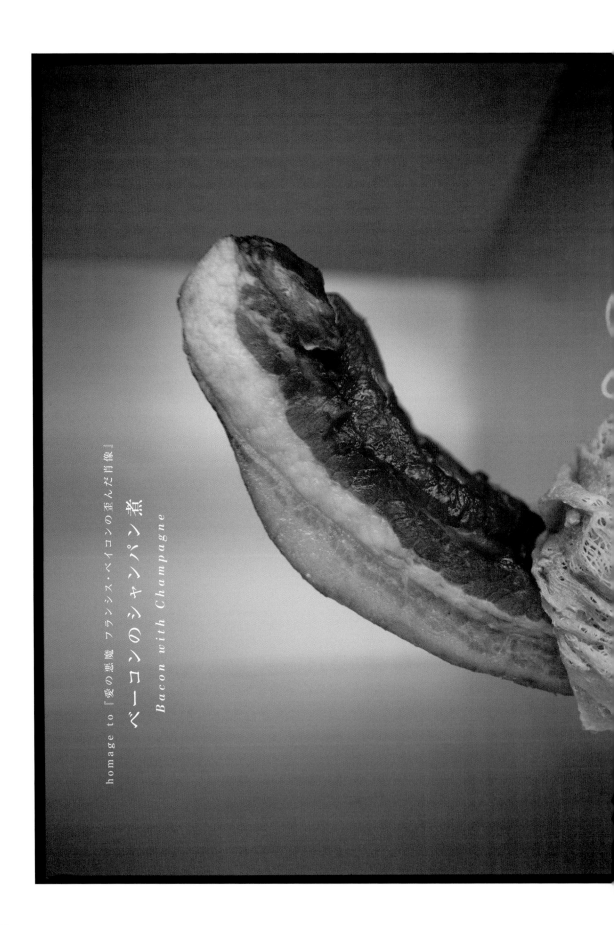

homage to『愛の悪魔 フランシス・ベイコンの歪んだ肖像』

ベーコンのシャンパン煮
Bacon with Champagne

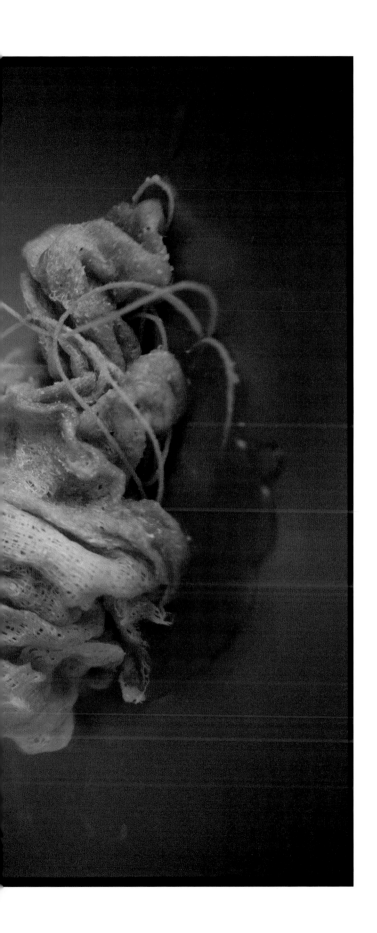

1 鍋にベーコンとチキンストックを入れ、火にかける。煮立ったら弱火にし、1時間ほど煮る。

2 シャンパンを加え、再び煮立ったらさらに1時間ほど煮る。

3 ベーコンを取り出し、煮汁を1/4量になるまで煮詰める。

4 3の煮汁にハチミツを加え、ねっとりしたソースになるまで煮る（塩はベーコンの塩加減によるが、加えなくてもいいだろう）。

5 ベーコンを切り分け、ソースをかけていただく。

材料（作りやすい分量）

ベーコン（塊）…300g
チキンストック…2〜3ℓ
シャンパン…1/2本
ハチミツ…適量

画家の気持ちに近づく法
1. 伝記を読み、生まれ育った土地をたずねる
2. 絵の具やペンだけでなく、他の道具
（パンやケチャップや肉や野菜など）
を使って模写する。
3. 画家の名前を声に出して呼んでみる
（Oh！Bacon.）

ワンダフルライフ
After Life

1998年／日本／118分
1999年4月公開

是枝裕和監督の長編2作め『ワンダフルライフ』は、海外映画祭で賞も取り、日本よりむしろ海外の方が人気が高い。

舞台は、時代がかった研究所のような施設。ここで働く職員たちは新しく施設を訪れた人たちの面接をする。実は彼らは死んだばかりの人たちで、天国に行くまでの猶予の一週間、ここに滞在する。つまりここは生と死の中間地点で、滞在中に自分の人生の大切な思い出を一つだけ選ぶよう伝えられる。職員たちはドキュメンタリーでインタビューするように、各人の人生を思い出させていく。その中には答えが出せない人が出てくる。そして、彼らの世話をする職員たちにも様々なストーリーがあることもわかってくる……。

職員には、モデルから映画初出演のARATAと小田エリカが初々しくも繊細な演技を見せ、寺島 進、内藤剛志、谷 啓が脇を固める。死者としてのインタビューには多数の一般の人も登場し、ドキュメンタリー出身の是枝監督ならではの演出になっている。

シネマライズ製のパンフレットには画家山本容子が寄稿したイメージ画が使われ、中綴じポスターもついていた。

監督＋脚本＋編集：是枝裕和
プロデューサー：佐藤志保／秋枝正幸
企画：安田匡裕　ゼネラルプロデューサー：重延 浩
撮影：山崎 裕
録音：滝澤 修
美術：磯見俊裕／郡司英雄
音楽：笠松泰洋
スタイリスト：山本康一郎
広告美術：葛西 薫

出演：ARATA ／小田エリカ／
寺島 進／内藤剛志／谷 啓／
由利 徹／横山あきお／原ひさ子／
白川和子／山口美也子／
伊勢谷友介／吉野紗香

ワンダフルライフ
Blu-ray 発売中
発売・販売元：バンダイナムコアーツ

繭の形の小さなお菓子。
甘くて白くてやさしいお菓子。
大事に口にふくんで味わって。
よくよく味がわかったらごっくん。
胸の奥で消化して。

homage to『ワンダフルライフ』
バナナのお菓子
Banana Boat

材料（2人分）
バナナ…2本
クリーム状（白くなっている）のハチミツ…大さじ3
ココナッツミルクの沈殿しているもの…大さじ3
ココナッツパウダー…60g
ココナッツフレーク…100g

1　ハチミツにココナッツミルクの沈殿物を混ぜる。
2　1にココナッツパウダーを混ぜ、さらにココナッツフレークを混ぜる。
3　バナナをひと口大に切って、2を全体に貼りつけながら繭形に丸める。

『ポンヌフの恋人』（p.20）から8年の沈黙を経て、レオス・カラックスが監督した作品。初めての原作もの。『白鯨』を書いたハーマン・メルヴィルの1852年の小説『ピエール』を現代的に翻案、PolaXとは、原作のフランス語書名の頭文字POLAに、10稿目の脚本なのでローマ数字Xをつけた。主役のピエールはジェラール・ドパルデューの息子ギヨーム・ドパルデューが演じ、ノルマンディの城館で暮らす一人息子。カトリーヌ・ドヌーヴ演じる母とは、"弟と姉"として暮らしている。外交官だった父は亡くなっている。許嫁と結婚式の準備をする満たされた日々の中、謎の女が尾行しているのに気づく。ある日、森の中でその女を追いかけ、問い詰めると、「あなたは一人ではない。私の弟だ」と言葉を発する。そして、強い東欧アクセントで、東欧で外交官をしていたピエールの父の娘、イザベルであること、東欧を出てからフランスに辿り着くまでの謎めいた人生を聞かされる。その出会いから、ピエールの人生は大きく変わっていく……。
主演のギヨーム・ドパルデューは'08年に、イザベルを演ずるロシアの女優カテリーナ・ゴルベワは'11年に、ともに若くして亡くなっている。

監督＋脚本：レオス・カラックス
原作：ハーマン・メルヴィル
音楽：スコット・ウォーカー

出演：ギヨーム・ドパルデュー／
カテリーナ・ゴルベワ／
カトリーヌ・ドヌーヴ／
デルフィーヌ・シュイヨー

ポーラX

Pola X

1999年／フランス・ドイツ・日本・スイス／134分
1999年10月公開

ポーラX
配給：ユーロスペース

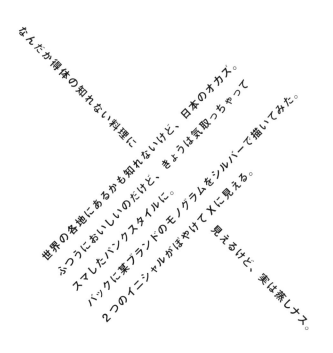

なんだか得体の知れない料理に

世界の各地にあるかも知れないけど、日本のオカズ。

ふつうにおいしいのだけど、きょうは気取っちゃって

スマしたパンクススタイルに。

バックに某ブランドのモノグラムをシルバーで描いてみた。

2つのイニシャルがぼやけてXに見える。

見えるけど、実は蒸しナス。

homage to 『ポーラX』

なすの蒸し煮・レオス・カラックス風

Steamed Egg Plants with Dark Sauce

材料（作りやすい分量）
なす（小）…6本
あさり（殻つき）…500g
しょうが（せん切り）…適量
にんにく（みじん切り）…1片分
パセリ（みじん切り）…1/2カップ
イカスミペースト…適量
酒…1/2カップ
だし汁…1/2カップ
オリーブオイル…大さじ2
塩…適量

1　なすは皮をむき、へたを取る。塩を加えた水にさらし、アクを抜く。蒸気の上がった蒸し器に入れ、強火で10〜15分ほど蒸す。

2　平鍋にオリーブオイルを入れ、弱火でにんにくを炒める。香りが立ってきたら強火にし、あさり、パセリ、酒を加えてフタをし、あさりの殻が開くまで酒蒸しにする。あさりを取り出し、汁をこす。

3　2にだし汁と塩少々、イカスミペーストを加えてひと煮する。

4　皿に3を流し入れ、1のなすをのせてしょうがを添える。好みで大根の葉などを飾っても。

＊　残ったあさりはスパゲッティーなどに使ってください。

ブエナ・ビスタ・ソシアル・クラブ
Buena Vista Social Club

アメリカの音楽は、様々な移民のルーツ・ミュージックが網目のように織り成されてできた音楽。そんな"アメリカーナ"を探求してきたライ・クーダーが行き着いたのがキューバの音楽だった。旅行に出かけたキューバで、革命前の'40～'50年代の黄金世代のミュージシャンたちに出会い、プロデュースして完成したのが'97年のアルバム『ブエナ・ビスタ・ソシアル・クラブ』。世界中で大ヒットして、彼らキューバの伝説的なミュージシャンたちは各国に呼ばれることになった。

この映画は、ライの長年の友人であり、サントラを担当した『パリ、テキサス』の監督であるヴィム・ヴェンダースが、『ブエナ・ビスタ・ソシアル・クラブ』の成功のその後を描くドキュメンタリー映画。まずは、アムステルダムでのコンサートに始まり、ライ・クーダーとともに、キューバを取材し、各ミュージシャンの生活や、'50年代のアメリカ車が走る街並みをロビー・ミュラーなどのカメラで捉えていく……。

1999年　ドイツ・アメリカ・フランス・キューバ／105分
2000年1月公開

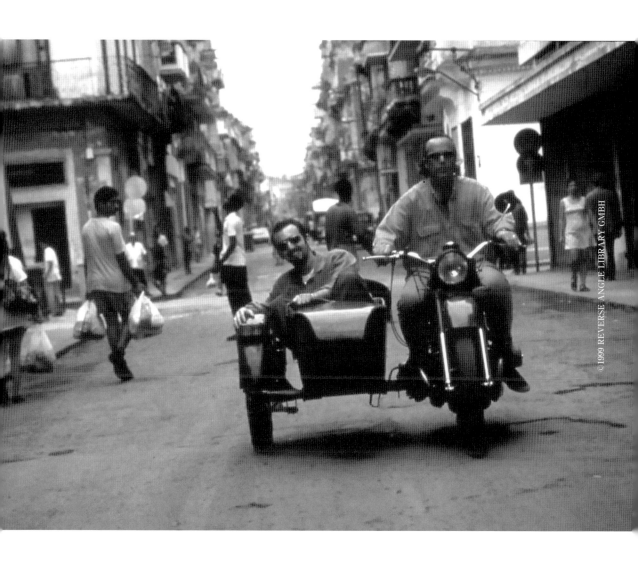

監督：ヴィム・ヴェンダース

出演：ライ・クーダー／
イブライム・フェレール／
ルベーン・ゴンザレス／
エリアデス・オチョア／
オマーラ・ポルトゥオンド／
コンパイ・セグンド／
ヨアキム・クーダー

ブエナ★ビスタ★ソシアル★クラブ
Film Telecine Version
DVD 発売中
価格：¥2,500＋税
発売・販売元：東北新社

モロンドローネス・コン・カーマロネス

Molondrones con Camarones

材料（2人分）

むきえび…150g

オクラ…10個

バナナ（あれば料理用、なければ普通のもの）…1本

ピーナッツ油、コーンスターチ、塩、こしょう…各適量

ココナッツフレーク…ひとつかみ

レモン汁、ラム酒…各少々

1 えびは背ワタを取る。コーンスターチをふってよくもみ、洗い流す。

2 バナナは輪切りにし、コーンスターチをまぶす。

3 フライパンにピーナッツ油を多めに熱し、えびとバナナを揚げ焼きにする。

4 オクラは半分の長さに切って炒める。2とココナッツフレークを加えて炒め、3を合わせる。

6 塩、こしょう、レモン汁を加え、仕上げにラム酒を加える。

ラム酒に合う料理はないか、キューバ産の葉巻きの味に合う料理はないか、キューバの人はどんなものを食べているのか、キューバ料理を調べていたら、MOLONDRONES CON CAMARONESという言葉を見つけた。

これはオクラとえび炒め、という料理名。

モロンドローネス……

コンカーマローネス……

うまくアクセントをつけて読むとキューバの音楽のようだ。

それだけで気分が上がる。

そして次の朝、帽子を被って出かけ、またうきうき。

なんだかキューバ気取りのおバカさんになってしまったようなのだ。

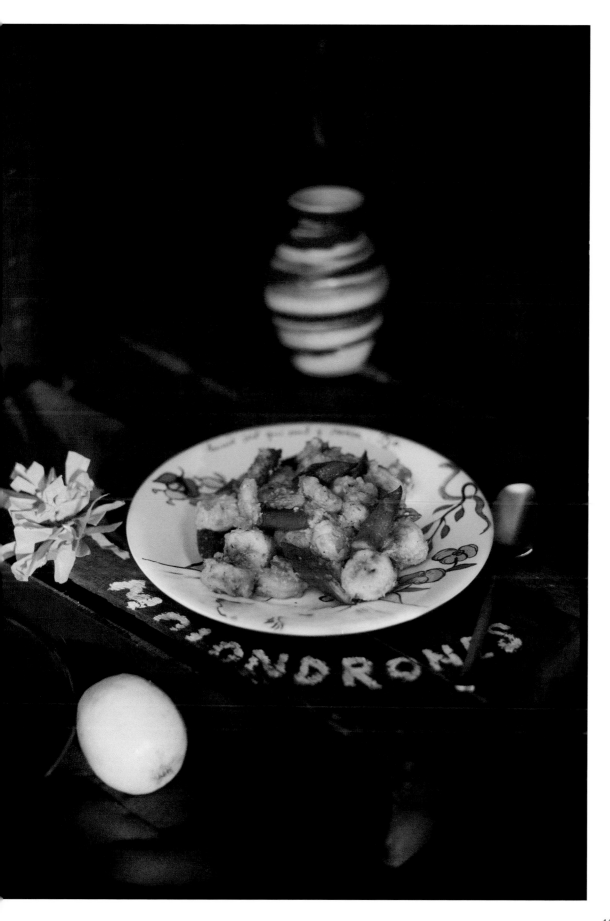

ボーイズ・ドント・クライ
Boys Don't Cry

1999年／アメリカ／119分
2000年7月公開

キンバリー・ピアース監督の長編デビュー作。'93年に実際に起きた事件を映画化した。アメリカの中央に位置するネブラスカ州で、ブランドン・ティーナが、友人から女性としてレイプされ、警察に訴えたことから、殺される事件があった。しかし、ブランドンはそこでは男性と思われていた。女性として生まれてきたが、男性として生きることを選んだトランスジェンダーだったのだ。

主役のブランドンを演じるのはヒラリー・スワンク。髪をショートにし、胸にサラシを巻き、ブリーフに靴下を丸めて入れ、タイトなジーンズをはき、まるで、リーバイスの男性モデルのようなスタイルをきめる。恋人になるティスベルを『ガンモ』('97年) でのランナウェイズなりきり少女が印象的だったクロエ・セヴィニーが演じている。

自身もLGBTであることを公表しているピアース監督のデビュー作にもかかわらず、監督、スワンク、セヴィニーの3人は多数の映画賞を受賞した。特にスワンクはアカデミーの主演女優賞も獲得。

監督＋脚本：キンバリー・ピアース
共同脚本：アンディ・ビーネン
音楽：ネーサン・ラーソン

出演：ヒラリー・スワンク／クロエ・セヴィニー／
ピーター・サースガード／ブレンダン・セクストン三世／
アリソン・フォーランド／アリシア・ゴランソン／
マット・マクグラス／ロブ・キャンベル／ジャネッタ・アーネット

ボーイズ・ドント・クライ
Blu-ray 発売中
販売元：20世紀フォックス
ホーム エンターテイメント ジャパン

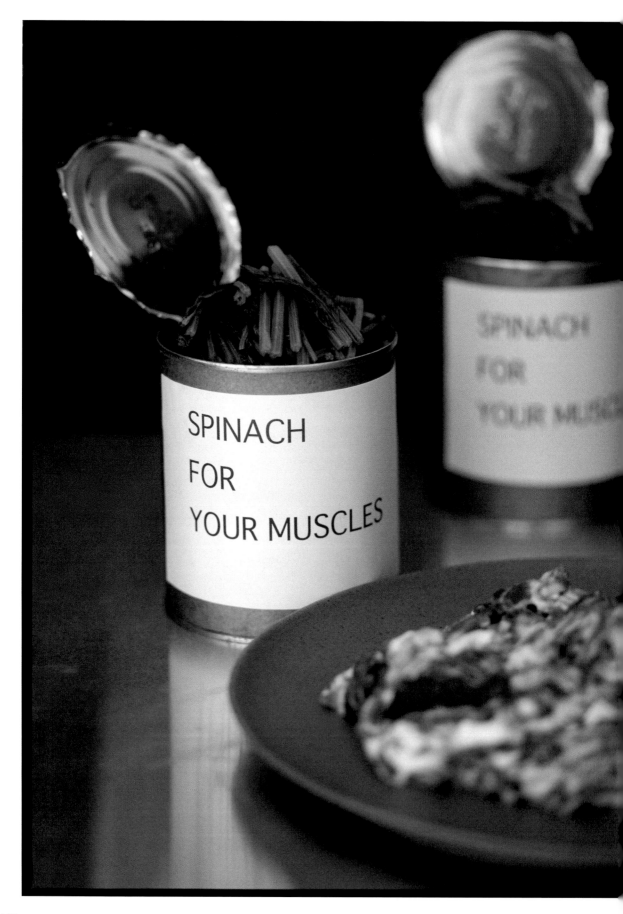

あるとき、逞しい肉体、筋肉に憧れるようになり、
ポパイのほうれん草のことを思い出す。
缶詰をじゃかじゃか開けて口をぱくっと開けてほうれん草をどくどく飲み込む。
どんなにいじめられても、たたかれても、
くたばってもほうれん草が苦境を突破してくれる。
ほうれん草はアニメーションの中では夢のような食べものだ。

さて、実際ほうれん草は筋肉を作るわけではないけれど、βカロテンを多く含み、
抗ガン作用があり、コレステロール値を下げると言われている。
また、ほうれん草は美しい肌をつくる美容食品でもある。

homage to 『ボーイズ・ドント・クライ』

ほうれん草クリーム煮

Sauteed Spinach

材料（2〜3人分）
ほうれん草…2わ
ベーコン…200g
ホワイトソース：
バター…大さじ2
薄力粉…大さじ2
牛乳…350ml
ベイリーフ…1枚
塩、こしょう、ナツメグ…各少々

1　ほうれん草はかためにゆでて6〜7cm長さ
　　に切る。
2　ベーコンは短冊切りにし、フライパンでさっ
　　と焼く。
3　鍋にバターを熱し、薄力粉を焦がさないよう
　　に炒める。なじんだら、牛乳とベイリーフを
　　加え、泡立て器でなめらかに混ぜながらフツ
　　フツ沸き立つまで煮る。さらに1〜2分煮て
　　塩、こしょう、ナツメグをふり、火からおろす。
4　フライパンのベーコンにほうれん草と3を加
　　え、さっと混ぜ合わせてでき上がり。

ドッグ・ショウ！
Best in Show

2000年／アメリカ／90分
2001年3月公開

ペット王国アメリカの愛犬家たちの祭典、ドッグ・ショウ。フィ
ラデルフィアで行われる大きな大会には全米から愛好家が集ま
り、愛犬の優秀さを競い合う。テレビのスペシャル番組もある。
ここに集まってくる愛犬家たちを、家での準備段階から、会場ま
での道中、そして大会の1日を追いかけるドキュメンタリー。だ
が本当は違う、この映画は、"モキュメンタリー"つまり架空の
取材で作り込んだ、"擬似メンタリー"なのだ。
映画に出演している、フロリダからやってきて、いたるところで
奥さんの昔のヤリ友に遭遇する実直なおじさんも。シカゴからき
た、ブランド大好きで超神経質な弁護士カップルも。ゴージャス
なシーズー犬を溺愛するゲイ・カップルも、全て架空のキャラク
ター。ただし、彼らには台本はなく、ほとんどがアドリブの演技。
なので、出演者はコメディに強い演技派が集められている。
監督、脚本、出演は、モキュメンタリーの原点、『スパイナル・タッ
プ』を手がけたクリストファー・ゲスト（写真右下）、共同脚本は、
出演もしているユージーン・レビー（写真右上）。

監督・脚本：クリストファー・ゲスト
共同脚本：ユージーン・レビー
撮影：ロベルト・シェーファー
美術：ジョーゼフ・T・ギャリティー
編集：ロバート・レイトン

出演：クリストファー・ゲスト／ユージーン・レビー／
キャサリン・オハラ／パーカー・ポージー／マイケル・ヒッチコック／
マイケル・マッキーン／ジョン・マイケル・ヒギンズ／
ジェニファー・クーリッジ／パトリック・クランショー／
ジェイン・リンチ／ボブ・バラバン

ドッグ・ショウ！
DVD 発売中
価格：¥2,500＋税
販売元：
ワーナー・ブラザース ホームエンターテイメント

©Album／アフロ

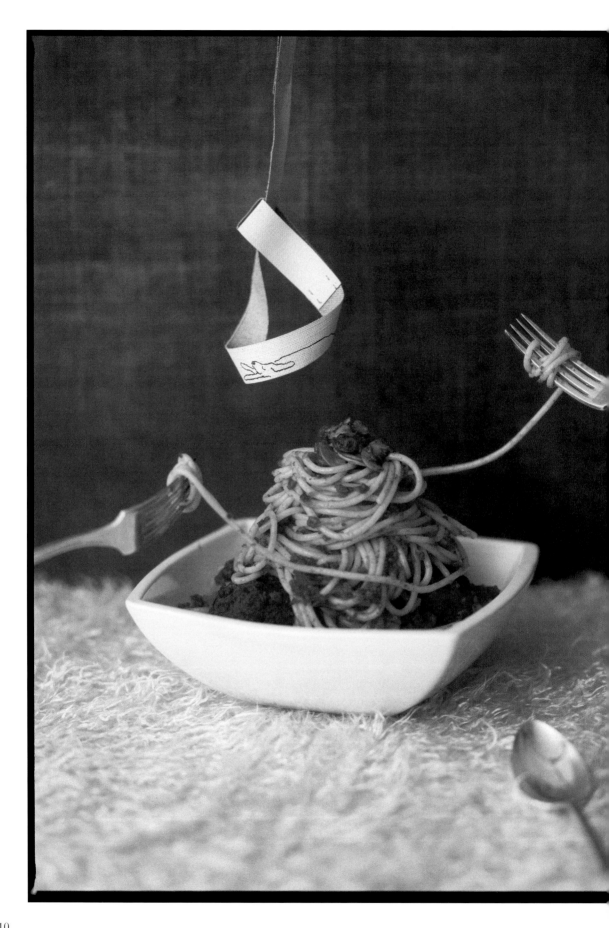

かつて私たちは幼い時に『わんわん物語』のレディとトランプが
いっしょにスパゲッティーを食べる映画のシーンにうっとりしたものでした。

あの映画、'50sでしたし、アニメでしたし、
何もかも整い、美しく、豊かそうでした……

ところが。

遠いところにあった映画の中の夢物語のような、あれが
現実の私たちに近づいてきてしまった……
あれれ、現実ってこんなものなの？？

それにしても、だ。
わんわんの映画にはスパゲッティーが似合います。

homage to 『ドッグ・ショウ！』

トリュフオイル風味の
ミートボール・スパゲッティー

Meatballs Spaghetti with Truffe Oil

材料（2人分）
牛ひき肉…150g
にんじん…1/3本
玉ねぎ…1/2個
パルミジャーノレッジャーノ…小さじ1
パン粉…大さじ1
薄力粉…適量
溶き卵…1/2個分
塩、こしょう…各適量
太くて長いスパゲッティー…200g
オリーブオイル、バター…各適量
ミートソース缶詰…1個（200g）
トリュフオイル…適量

1 にんじんと玉ねぎはみじんに切りし、バターでしんなりするまで炒める。

2 ひき肉に塩、こしょうをふり、粘りが出るまでよく練る。

3 2に溶き卵を加えて混ぜ、冷ました1、パルミジャーノレッジャーノ、パン粉を加えて混ぜる。直径5〜6cmのボール状に丸め、表面に薄力粉をはたく。

4 フライパンにオリーブオイルを熱し、3を転がしながら焼く。表面が焼けたら、耐熱の器に移し、さらに180℃のオーブンで7〜8分、中まで火が通るまで焼く。

5 鍋にミートソースを入れて温め、4を加えてトリュフオイルを好きなだけ加える。

6 鍋に塩少々を加えた湯を沸かし、スパゲッティーを袋の表示通りゆでる。

7 6に5をからめ、器に盛りつける。

是枝裕和監督の『ワンダフルライフ』(p.92) に続く作品。架空のカルト教団が起こした無差別殺人事件のその後を描いている。

映画は断片の映像から始まっていく。花屋で働く敦（ARATA演）、勝手気ままに生きている学生の勝（伊勢谷友介演）、予備校で教えるきよか（夏川結衣演）、建設会社で働く実（寺島 進演）の4人の行動が少しずつ交差して集合し、山奥の湖に献花をする。皆、事件を起こした教団員の家族で、家族会として一年に一度集まっているのだ。そこにバイクでふらりとやってきた謎の男が加わる。しかし、帰途、乗ってきた車とバイクが忽然と消えてしまう。山奥で夜になってしまうので、事件の拠点になった教団のロッジで夜を明かすことになる。バイクの男は元教団員（浅野忠信演）だった。夜が深まる中、5人は少しずつ自分の家族の話を語り始める。映画を見ている観客と同様、集まった5人も事件の全貌を把握してはいなかったのだ……。

是枝監督の演出としては、ロッジに集まった5人には、台詞を与えずプロットだけ伝え、その場で思いついた自分の言葉で話してもらう、というもの。だから、演者も映画の全貌がわからないまま、観客と同様、是枝が作ったどんでん返しのミステリーに向かっていくことになる。

DISTANCE
（ディスタンス）

監督・脚本・編集：是枝裕和
ゼネラルプロデューサー：重延 浩／斎藤 晃
企画プロデューサー：安田匡裕
プロデューサー：秋枝正幸
撮影：山崎 裕
録音：森 英司
美術：磯見俊裕
スチール：若木信吾
広告美術：葛西 薫

出演：ARATA／
伊勢谷友介／寺島 進／
夏川結衣／浅野忠信／
りょう／遠藤憲一／中村梅雀

2001年／日本／132分
2001年5月公開

DISTANCE
Blu-ray 発売中
発売・販売元：バンダイナムコアーツ

百合の根を食べたことがありますか？
百合の蕾の清楚な姿、開いた花の強さ、
潔さからイメージできる味でしょうか？
百合根はお芋のようにほくほくしています。
やさしくほくほくしています。
甘く煮てしみじみこのほくほく感を味わってください。

homage to 『DISTANCE』

百合根の蜜煮
Roots of Lily

材料（作りやすい分量）
百合根…3個
氷砂糖…2カップ
水…2カップ
杏露酒…1/2カップ
ざくろ（搾る）…1カップ

1　鍋に氷砂糖と水を入れ、火にかける。
2　氷砂糖が溶けたら、杏露酒を加える。
3　2を耐熱のどんぶりに移し入れ、百合根を丸ごと
　　加える。蒸気の上がった蒸し器に入れ、強火で
　　15分ほど蒸す。
3　ざくろの搾り汁を加え、そのまま冷ます。

アメリ

Le Fabuleux Destin d'Amélie Poulain

2001年／フランス／121分
2001年11月公開

まるで、主人公"アメリ・プーラン"の妄想する、一人暮らしのパリの生活に入り込んだみたいに、全ての登場人物、全ての部屋、場所が、どこか奇妙で、どこか懐かしい。みな悩みや苦しみを抱えているのに、彼女の好きなクレームブリュレのように、苦くもあるけど、甘くもある。最後はオドレイ・トトゥ演じるアメリのにんまりとした笑顔が浮かんでくる。
監督のジャン＝ピエール・ジュネは『ロスト・チルドレン』というマニアックなファンタジーを撮って評価を得、アメリカに招かれ『エイリアン4』を監督した。その後、フランスに戻って監督した『アメリ』はマニアックなのに、万人に伝わる出来上がり。フランスで国民的大ヒットになった。

アメリ
DVD 発売中
販売元：アルバトロス

監督＋脚本：ジャン＝ピエール・ジュネ　製作：クローディー・オサール
撮影：ブリュノ・デルボネル　特殊効果：イヴ・ドマンジュー
音楽：ヤン・ティルセン　編集：エルヴェ・シュニード
美術：アリーヌ・ボネット　衣装：マデリーン・フォンテーヌ

出演：オドレイ・トトゥ／
マチュー・カソヴィッツ／
ヨランド・モロー／ジャメル・ドゥブーズ／
イザベル・ナンティ／ドミニク・ピノン／
アンドレ・デュソリエ（ナレーション）

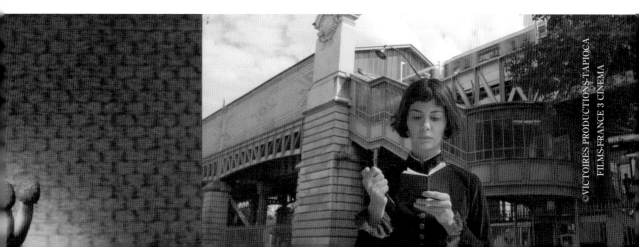

「シブースト」や「ザッハトルテ」やこのブレッド・プディングを食べるときに
ちょっとだけアメリのことを思い出してほしい。
カリッと表面に焼かれたカラメル、均質にコーティングされたチョコレート。
そこにフォークを入れるとき、ちょびっとアメリが自分の殻と
「クレームブリュレ」のカラメルを破ったことを思い出して。

homage to 『アメリ』

オレンジ・ブレッド・プディング

Orange Bread Pudding

材料（直径18cmの丸型）
オレンジ…2個
干しあんず…100g
卵…2個
A：
　生クリーム…1カップ
　グラニュー糖…大さじ3
　バニラエッセンス…適量
　グランマニエ…大さじ2
冷凍ブルーベリー（または
フレッシュブルーベリー）…大さじ3
グラニュー糖…大さじ3
バター…大さじ2
ひからびた食パン…2/3斤分

1 オレンジは皮を厚くむいて輪切りにする。干しあんずは熱湯につけてふやかす。ブルーベリーは砂糖適量（分量外）をふりかける。

2 卵を溶きほぐし、Aを加えてよく混ぜる。食パンを細かくちぎり入れ、浸す。

3 金属製のケーキ型に1のオレンジを敷き詰め、グラニュー糖をふりかけて型ごと中弱火にかける。オレンジの水分がとび、輪郭がアメ色に焦げたら火からおろし、バターをちぎってのせる。

4 3に1の干しあんず、2、ブルーベリーを順に加える。天板に湯を張り、180℃のオーブンで30分湯せん焼きにする。

5 粗熱がとれたら型からはずし、表面にグラニュー糖適量（分量外）をふって、バーナーで砂糖をカリッと焦がす。

ピンポン
Ping Pong

2002年／日本／114分
2002年7月公開

原作は松本大洋（『鉄コン筋クリート』でもおなじみ）の同名卓球マンガ。監督は曽利文彦（『タイタニック』のCG制作にも参加）で、作品のキモになる卓球の試合シーンのCGも手がけた。脚本は宮藤官九郎。
中心人物は、「この星で1等賞になりたいの」という自信家のペコ（窪塚洋介演）と、「卓球は死ぬまでの暇つぶし」というどこか冷めた眼差しのスマイル（ARATA演）で、子供の頃から同じ卓球クラブ"タムラ"で練習してきた仲間であり、陰と陽の関係のライバルでもある。高校生になり同じ卓球部に属しながらも、部活には参加せず、"タムラ"に行ってペコは賭け試合、スマイルはルービックキューブをやる日々だった。しかし、インターハイ県予選が近づいてくるうちに、ライバル校チームへの闘志が湧き上がってくる……。

監督：曽利文彦
脚本：宮藤官九郎
プロデューサー：小川真司／鈴木早苗／井上文雄
原作：松本大洋
撮影：佐光 朗　照明：渡邊孝一
美術：金勝浩一　録音：山田 均
編集：上野聡一
音楽監督：二見裕志

出演：窪塚洋介／
ARATA／
サム・リー／
中村獅童／
大倉孝二／
竹中直人／
夏木マリ／松尾スズキ／
石野真子／山下真司

ピンポン
好評配信中
アスミック・エース

ゆで卵と球。どっちも丸くてつるっとして白い。でも本当はゆで卵は丸くない。だから丸くする。ピンポン球のように弾まないけど、なんとなく嬉しい。

homage to『ピンポン』

まん丸ゆで卵
Ping-Pong-Eggs

材料

卵、食用色素、味噌…各適量

1 卵は水からゆで、沸騰してから7分で火を止める。流水にあて、生あたたかいうちに殻をむく。

3 生温かいうちに球状のものに押し込んで成形する。
Ex……。

＊ アイスクリームディッシャーにゆで卵を押し込み、はみ出した分はラップを球状に成形してセロハンテープで形を整えてさらに押さえる。

＊ カプセルトイのケースを使ってもいい。

4 粗熱がとれたら冷蔵庫に入れ、数時間おく。

5 水で溶いた色素と味噌を合わせ、楊子の先でピンポン玉のような模様をつける。

2001年／フランス／95分
2002年9月公開

まぼろし
配給：ユーロスペース

若きフランソワ・オゾン監督が、成熟の名女優、シャーロット・ランプリングに挑んだ作品。ランプリングは、化粧っ気のない顔や、50代の裸身をさらして演技にのぞんでいる。この物語をサイコと見るか、ミステリーと見るか、もしくは、ラブ・ストーリーと見るかは観客に委ねられている。熟年夫婦のマリーとジャンは仲睦まじく、パリから南仏ランド地方の別荘に出かける。海辺でマリーが寝ている間に、ジャンが忽然と姿を消す。捜索をかけても見つからず、呆然としてパリに帰る。心配する友人たちのサポートで、少しずつ元の生活にもどる中で、彼女には、そこにいないはずのジャンの存在が見え始めていく……。

監督＋脚本：フランソワ・オゾン
共同脚本：エマニュエル・バーンヘイム／マリナ・ド・ヴァン／マルシア・ロマーノ
プロデューサー：オリヴィエ・デルボスク／マルク・ミソニエ
撮影：アントワーヌ・エベルル（第一幕）／ジャンヌ・ラボワリー（第二幕）
録音：ジャン＝リュック・オディ／ブノワ・イルブラン
編集：ローランス・バヴェダー

出演：シャーロット・ランプリング／ブリュノ・クレメール

まぼろし
Sous le Sable

サマープディングというデザートがある。プディングといっても
私たちが知っているような卵色をしたプディングではなく、
それは赤色や赤紫色をしている。ベリーのデザートだ。
春から夏にかけて実るベリーを砂糖で甘く煮て、
コーンスターチを加えてとろみをつける。
パンといっしょにして重しをかけて一晩おけば、
パンはベリーの美しい色で染まる。
ピクニックには欠かせない伝統的なデザートという。
ところで、オールド・サマープディングというものを作ってみた。
型に詰めるのはふわふわの焼いてないパンではなく、カリカリのトースト。
中に詰めるベリーはフレッシュなものを少しとドライフルーツとジャム。
静かな部屋で食べても、
草が少し生えた砂浜のピクニックに持って行ってもいい。

homage to 『まほろし』

オールド・サマープディング
Old Summer Pudding

材料（作りやすい分量・
プリン型4個分）
サンドイッチ用食パン…4枚
バター…小さじ4
いちごジャム、マーマレード…各小さじ4
白ワイン…大さじ1
レーズン…大さじ1
干しあんず…8個
干しいちじく…4個
あたたかい紅茶…1カップ
ラズベリー…10粒くらい

1　レーズン、干しあんず、干しいちじくを
　　紅茶に浸してふやかす。
2　食パンはトーストしてバターをたっぷり
　　ぬる。
3　いちごジャム、マーマレード、白ワイン
　　を混ぜる。
4　型の内側にラップを敷き、汁けをきった
　　1と手でちぎった2、3を詰める。
5　重しをのせて冷蔵庫でひと晩おく。
6　型からはずして器にのせる。

ホテル・ハイビスカス
Hotel Hibiscus

2002年／日本／92分
2003年6月公開

仲宗根みいこの同名マンガを、『ナビィの恋』など沖縄にこだわった作品を撮る中江裕司が監督。舞台のホテル・ハイビスカスは、家族で運営する小さなホテル。映画に登場する客は、行き倒れ状態から無理やり客引きされ、長期逗留するヒッピイ風若者が一人だけ。

映画の冒頭、その青年を客引きしてくるのが、映画での主人公、小学3年生の美恵子（蔵下穂波演。3,100人の応募者からオーディションで選ばれただけあり、初出演ながら一人でこの映画の生命力のある魅力を担っている）。母ちゃん（余 貴美子演）、父ちゃん（沖縄民謡の照屋政雄演）、おばぁ（『ちゅらさん』の平良とみ演）、それに黒人とのハーフの兄と、白人とのハーフの姉、子供は3人とも父親が違うという家族。美恵子は男子二人を手下のように引き連れながら、近所の店や学校や米軍基地のフェンスの中で、歌ったりケンカしたりキジムナー（森の精霊）と出くわしたり、加えて、兄のボクシングや実父との遭遇、父ちゃんのビリヤードなど、家族の様々なエピソードが沖縄のゆったりしたリズムの中で進んでいき、まるで、自分がホテル・ハイビスカスに滞在しているかのような気分になってくる。そして、美恵子の大冒険や、"お盆どぅーい"でのご先祖様との出会いのエピソードにつながっていく……。

映画は沖縄の様々な場所でロケされたが、ホテルは、名護市辺野古にある使われていないピザ・レストランが使われた。

監督：中江裕司
脚本：中江素子／中江裕司
原作：仲宗根みいこ

出演：蔵下穂波／照屋政雄／ネスミス／
和田聡宏／亀島奈津樹／登川誠仁／
平良とみ／余 貴美子

ホテル・ハイビスカス
Blu-ray 発売中
発売・販売元：バンダイナムコアーツ

沖縄料理が人気だ。海藻やゴーヤーを使った料理は身体にいいし、おいしいし、
なんだか気持ちもほっとさせられる。
今では東京でも沖縄の材料がいろいろ手に入り、海ぶどうだって空輸のものが
沖縄のアンテナショップで売られる。沖縄産のマンゴーやパイナップル、
パッションフルーツは香りがいいと評判だ。けれど、本格的な沖縄材料を使わなくたって、
手近な材料でも沖縄風に食卓を楽しむことができる。

会社帰りの道すがら道路の裂け目に生えた雑草をむしり取り、
その草のにおいのする手で食卓につく。
とぼけた替え歌を歌い、食卓の周りを2、3回くるりと踊ってみる。
そんな自由さでやってみよう。
本格的な材料や本格的なレシピにとらわれると、人生はかえって窮屈だ(!?)。

homage to 『ホテル・ハイビスカス』

ちくわイリチー、油揚げイリチー、麩イリチー
Okinawan Food

ちくわイリチー

材料（2人分）
ちくわ…2本
塩蔵わかめ…50g
赤唐辛子…2本
酒…大さじ2
黒砂糖…小さじ1〜2
塩…適量
オリーブオイル…大さじ1〜2

1　わかめは水に浸して塩けを抜き、4〜5cm幅に切る。ちくわは1cm幅に切る。

3　フライパンにオリーブオイルを熱し、1とちぎった赤唐辛子を入れて炒める。全体に油がまわったら酒と黒砂糖を加えてさらに炒め、塩をふる。

油揚げイリチー

材料（2人分）
ゴーヤー…縦1/2本
油揚げ…2枚
かつお節…1カップ
酒…大さじ4
塩…適量
オリーブオイル…適量

1　ゴーヤーは種とワタを取り除き、1cm幅に切る。
2　油揚げは熱湯をまわしかけ、2〜3cm幅に切る。
3　フライパンにオリーブオイルをたっぷりめに熱し、弱火でゴーヤーを煮るように炒め、ざるに上げて油をきる。
4　3のフライパンにオリーブオイルを少し加え、油揚げと3のゴーヤーを炒める。酒を加えてさらに炒め、塩をふる。仕上げにかつお節しを散らす。

麩イリチー

材料（2人分）
だし昆布…40cm
車麩…6個
豚ばら薄切り肉…50g
酒…大さじ3
黒砂糖…小さじ1〜2
塩…適量
オリーブオイル…大さじ1

1　昆布と麩は水に浸してやわらかくもどす。
2　昆布は太めのせん切り、豚肉は3cm幅に切り、麩はひと口大に切って水けを絞る。
3　フライパンにオリーブオイルを熱し、豚肉を炒め、塩をふる。
4　昆布と麩を加えて炒め合わせ、酒と黒砂糖を加えてさらに炒める。仕上げに塩をふる。

ロスト・イン・トランスレーション
Lost in Translation

2003年／アメリカ・日本／102分
2004年4月公開

2000年ごろの東京を舞台に、滞在している二人のアメリカ人が遭遇する話。脚本・監督はソフィア・コッポラ。繊細な脚本が評価されアカデミー脚本賞を受賞する。

東京・新宿の高層ホテルに宿泊中の俳優ボブ・ハリス（『ゴーストバスターズ』のビル・マーレイ演）と、カメラマンの夫の仕事についてきたシャーロット（スカーレット・ヨハンソン演）が、ホテルの中で知り合う。ボブは高額のギャラのウィスキーのCMの仕事で来ていて、通訳ごしの撮影に少しストレスがある。シャーロットは忙しい夫にほっとかれて、少しやるせなさを感じている。二人ともガイジンとして東京に滞在して、うっすらと抱える疎外感から、互いに共感したのだ。年の差は親子ほどあるが、一緒にホテルのバーで飲んだり、夜の街に出かけてカラオケに行き、ボブはロキシー・ミュージックを歌ったりする。そうしているうち、ボブはCM撮影や、急に入った『Matthew's Best Hit TV』の収録も終わり、東京を離れる時が来た……。

監督＋脚本：ソフィア・コッポラ

出演：ビル・マーレイ／
スカーレット・ヨハンソン／
ジョバンニ・リビシ／
アンナ・ファリス

ロスト・イン・トランスレーション
DVD 発売中
価格：¥3,800＋税
発売・販売元：東北新社

スイーツの世界は驚くほど進化している。

世界のいろいろなテイストがミックスされ、

どんどん新しくなっている。嬉しくもあり、また寂しくも感じる。

取り残されたような心細さや、なんとなくフィットしない違和感など、

もはや魅力のアクセントになっている。

けど人間はスイーツではない。ミックスされ過ぎるとゴネるし、

熱だって出してしまうのだ。ほどほどに注意してほしい。

homage to 『ロスト・イン・トランスレーション』

和菓子のような
ラズベリークレープ

Japanese Crapes with Raspberry Cream

材料（作りやすい分量）

生地：
白玉粉…20g
薄力粉…200g
砂糖…100g
水…1カップ
サラダ油…少々

ラズベリークリーム：
生クリーム…1カップ
パウダーシュガー…大さじ5
ラズベリー…20粒程度
クリームチーズ…140g

1　生地の材料の白玉粉に水のうち大さじ1と1/2ほどを加え、よくかき混ぜる。

2　ボウルに薄力粉と砂糖をふるい合わせ、1と残りの水を少しずつ加えながら泡立て器でダマがなくなるまで混ぜる。冷蔵庫で30分ほどねかせる。

3　フライパンを熱し、ぬれ布巾の上に一旦のせて冷ましてからサラダ油をぬる。2を大さじ1ほど流し入れ、スプーンの背で楕円形に広げる。フライパンを弱火にかけ、生地の表面が乾いたら、そっと裏返し、乾くまで焼く。

5　生クリームにパウダーシュガーを加えて8分立てに泡立てる。

6　やわらかくしたクリームチーズにつぶしたラズベリーを加え、さらに5のクリームを少しずつ加えて混ぜ合わせる。

7　粗熱がとれた3の中心に6を棒状にのせ、端から巻く。

＊　巻きにくければストローを芯にしても。青い色がないといやでしょ？

茶の味

The Taste Of Tea

2003年／日本／143分
2004年7月公開

原作＋監督＋脚本＋編集：石井克人
エグゼクティブプロデューサー：飯泉宏之
プロデューサー：滝田和人／和田倉和利
撮影：松島孝助(JSC)
照明：木村太朗　美術：都築雄二
録音：森 浩一　衣装：宇都宮いく子
アニメーションディレクター：
小池 健（マッドハウス）
音楽：リトルテンポ

出演：坂野真弥／佐藤貴広／
三浦友和／手塚理美／我修院達也／浅野忠信
土屋アンナ　中嶋朋子（特別出演）
轟木一騎／森山開次／武田真治
寺島 進／加瀬 亮／水橋研二／岡田義徳／
庵野秀明／堀部圭亮／
ナレーション：和久井映見

茶の味
発売元：カルチュア・パブリッシャーズ

石井克人（『鮫肌男と桃尻女』監督、CMディレクター）の脚本・監督で、日本風オフビートな笑いを追求した映画。田舎に暮らす春野家の人々生活の小さなエピソードをつなげて描いてある。

妹の小学生、幸子（坂野真弥演）はいつも物思いにふけっている、けど、知らないうちに巨大な自分の分身に後ろから見つめられている。兄の中学生、ハジメ（佐藤貴広演）は転校してきた土屋アンナ演じる美少女に恋をしている。母の美子（手塚理美演）は現役復帰を目指す元アニメーター、手書きの自主制作アニメを製作中。父のノブオ（三浦友和演）はそんな妻に取り残された感じの片田舎の睡眠治療士。おじい（我修院達也）は半ボケでいつも奇行を繰り返すが、実は元アニメーターで美子の指南役、それに加えて、叔父のアヤノ（浅野忠信演）はいつもぶらぶらしている。春野家の人々は何かあると縁側に集まりお茶を飲む。全てがハッピーで、そのハッピーはいつしか宇宙的に広がっていく……。

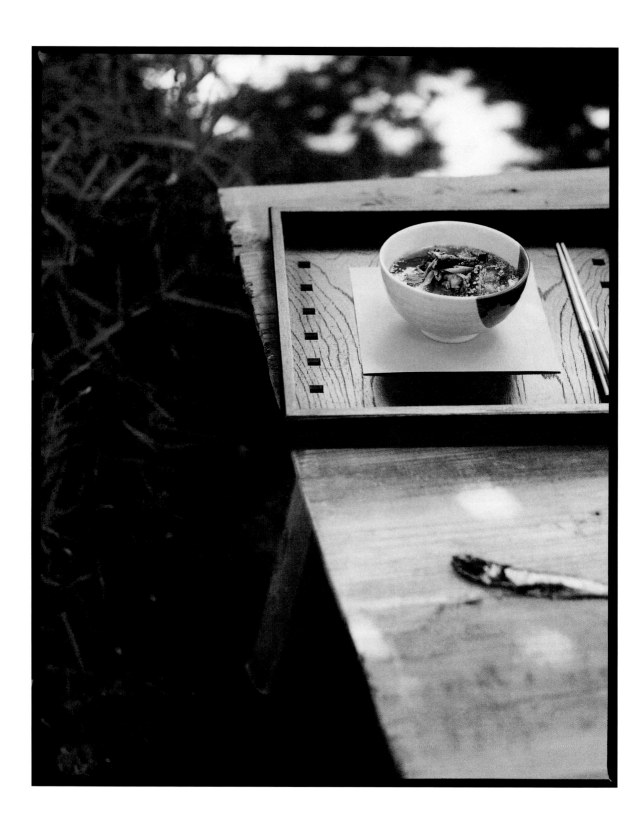

誰の通学路にも水田があるとは限らない。

誰も親から囲碁を教えてもらえるとは限らない。

それなのに、あたかも自然に感じること。

誰の庭にも笹が生え、縁側があり、

誰も小腹がすいたら

焼いためざしをかじり、お茶漬けを食べる。

夏にはそのお茶漬けを冷や汁で。

しそやみょうがのよい香り！

とても自然に感じるこんなこと。

誰もが経験してるわけじゃないけれど、

「あぁ、日本で育ってよかったな」なんて思う。

青空が美しい素敵な夏がやってきた！

homage to 『茶の味』

めざしの冷やし茶漬け

Chazuke

材料（2人分）
めざし…2尾
しその葉…5枚
青唐辛子…1/2本
みょうが…1本
おろししょうが…1/2かけ分
きゅうり…1本
緑茶…500ml
白いりごま…1/2カップ
粉末いりこ…大さじ1
味噌…大さじ2〜3
ご飯…茶碗に軽く2杯分
氷…適量

1　めざしは焼いて、大きめにほぐす。

2　しその葉は適当な大きさにちぎり、青唐辛子はみじん切り、みょうがはせん切り、きゅうりはすりこ木で軽く叩いてひと口大にする。

3　白ごまはすり鉢でよくする。

4　3に粉末のいりこと味噌を入れ、濃いめにいれてよく冷やした緑茶を一部加える。味噌が溶けるまでよく混ぜ合わせ、残りの緑茶としょうがを加えてさらに混ぜる。

5　ご飯は流水でぬめりを取り、水けをきる。茶碗に盛り、1、2、氷をのせ、4を注ぎ入れる。

ヒトラー ～最期の12日間～
Der Untergang

2004年／ドイツ／155分
2005年7月公開

'57年ドイツ生まれのオリヴァー・ヒルシュビーゲル監督による、ヒトラーとナチスの最期を描いた映画。それまで多数のヒトラー／ナチス映画が作られてきたが、全てドイツ人で作り上げるドイツ語の映画は皆無だった。それは長くタブーだったからだ。もちろん公開前から、賛否の論争にさらされることになったが、ドイツ国内で大ヒットになり、国内外の多数の映画賞を受賞した。

日本が敗戦する8月より4ヶ月前の'45年4月、ドイツ軍は首都ベルリンの総統地下壕を基地にして、迫り来るソビエト軍を迎え撃っていた。それはヒトラー／ナチスにとって最終戦であり、崩壊にむかっていた。その最後の地下壕での12日間を、ヨアヒム・フェストの同名の最新研究書と、映画の中でも狂言回しの役になる、秘書トラウドゥル・ユンゲの回想記を原作として、描いていく。

ヒトラーはスイス出身のブルーノ・ガンツが演じた。ガンツはヴィム・ヴェンダース (p.100) の映画で、同じベルリンを守護する天使を演じている。

ユーチューブではパロディのネタとしても有名、作戦会議シーンに異なる台詞をあてたパロディが多数ある。

監督：オリヴァー・ヒルシュビーゲル
製作＋脚本：ベルント・アイヒンガー
撮影：ライナー・クラウスマン

主演：ブルーノ・ガンツ／
アレクサンドラ・マリア・ララ

ヒトラー 〜最期の12日間〜
Blu-ray 発売中
価格：¥2,500＋税
発売元：ギャガ
販売元：TCエンタテインメント

第二次世界大戦とドイツと聞くとどうしてもパンとジャムをイメージする。

今まで見た映画の影響で、盗んだパンやポケットにしのばせたパン、

放り投げられたパン、

パンの印象がとても強い。

一方、ジャムを思い浮かべるのは

アンネ・フランクの家がジャムの材料を販売していたことを思い出すから。

映画の中ではヒトラーはシャンパンを飲み、スープから肉料理まで、

一般的にドイツ人は夕食に温かいものを食べないといわれているものの、

温かいフルコース料理のようなものを食べていた。

が、同じものを再現して私たちが食べたいと思うだろうか?

むしろトーマス・クレッチマンが「戦場のピアニスト」で

ピアニストに放って差し出したドイツパンが食べたくなる!

homage to 『ヒトラー〜最期の12日間〜』

ロッゲンミッシュブロート

Roggenmischbrot

材料（4〜5個分）

A：

強力粉…200g

ライ麦粉（粗びき）…150g

ライ麦粉（細びき）…150g

ドライイースト…7.5g

塩…9g

ぬるま湯…310ml

カラメル：

砂糖…15g

水…小さじ1/2

ラード…20g

1　ボウルにAを入れて合わせる。

2　小鍋にカラメルの材料を入れ、火にかける。フツフツして茶色に色づくまで加熱し、火を止める。すぐに水小さじ1/2（分量外）を加えて混ぜる。

3　1にぬるま湯と2を少しずつ加える。

4　全体をざっと混ぜ合わせ、ラードを加えて20分ほど生地がなめらかになり、ツヤが出るまでこねる。

5　生地を丸くまとめ、とじ目を下にして大きめのボウルに入れる。ラップをかけてあたたかいところに50分ほどおく（1次発酵）。

6　5の生地をゲンコでつぶしてガスを抜く。再び丸くまとめて10分ぐらいおく。

7　4〜5つに分けナマコ型に成形し、天板にのせてふんわりラップをかけて10〜20分おく（2次発酵）。生地がふんわりしたらナイフで表面に4〜5本切れ目を入れ、粗びきのライ麦粉（分量外）をまぶす。

9　200℃のオーブンで40〜50分焼く。

沙織は父を憎んでいる。なぜなら父はある日ゲイになって、ママと沙織を捨てて出ていったから。それなのに、なぜここに亡くなる前のママの写真があるの？　沙織が知らないママと父の愛の話がある。

犬童一心が監督、'03年『ジョゼと虎と魚たち』でもコンビを組んだ渡辺あやが脚本。

家を出て経営していたゲイバーでの父の源氏名は卑弥呼（舞踊家 田中 泯演）。引退して海辺に作ったのが、ゲイのための老人ホーム「メゾン・ド・ヒミコ」。卑弥呼は末期ガンが見つかり、若い恋人の岸本（オダギリ ジョー演）の世話を受けながら、終末期を過ごしている。母子家庭で育った沙織（柴咲コウ演）は、ママが亡くなり借金を残していったので、塗装会社の事務員として精一杯働いている。そこに、岸本が訪ねてきて、「メゾン・ド・ヒミコ」でアルバイトをしないか？　と誘ってきた。高額の給料に惹かれてホームで働くことになり、そこで余生を送る父の仲間のルビイや春彦との交流が始まる。そして、わだかまりのあった父、卑弥呼とも……。

メゾン・ド・ヒミコ
La Maison de HIMIKO

2005年／日本／131分
2005年8月公開

監督：犬童一心
脚本：渡辺あや
音楽：細野晴臣
特写フォト：平間 至　撮影：蔦井孝洋
美術：磯田典宏　衣装：北村道子

出演：オダギリ ジョー／柴咲コウ／
田中 泯／歌澤寅右衛門／青山吉良／
柳澤 愼一／井上博一／森山潤久／
洋ちゃん／村上大樹／西島秀俊

メゾン・ド・ヒミコ
好評配信中

アスミック・エース

ゼラチンを煮溶かしてゼリーを作り、

それを冷やして型から外して、

乾燥させ気味に冷やすと手で持つことができたり、

包丁で切り込みも入れることができておもしろい。

透明で、キラキラしてて、色も自由に作ることができて、

食べられる宝石のようだ。

このゼリーを個性的なお友だちに見立てて

食卓に並べてみて！

そうめんや枝豆、あじの開きやトマトのパスタ、

映画にでてきた普通でおいしいものを家で再現しても

「メゾン・ド・ヒミコ」気分はきっと味わえない。

あじの開きの隣にルビイや春彦を転がしてみて！

あなたのいつもの食卓が、生活が、

きっといとおしいものに変わるはず。

homage to『メゾン・ド・ヒミコ』

ジュエリージェリー
Jewelry Jelly

材料（作りやすい分量）

シャンパン…300ml

粉末ゼラチン…12g

砂糖…大さじ4〜5

食用色素（赤、緑、黒など）…適量

1 小鍋に半量のシャンパンを入れ、粉末ゼラチンを
ふり入れて混ぜる。火にかけ、混ぜながら煮溶か
す。残りのシャンパンを注いで混ぜ、砂糖を加え
てさらに混ぜる。

2 1を色素の数に分け、それぞれに色素を加えて混
ぜる。粗熱がとれたら水でぬらした保存容器など
に入れ、冷蔵庫で冷やしかためる。

3 しっかりかたまったら、容器から出して皿などに
移し、冷蔵庫で1日くらいおく。

4 ナイフで好きな形に切る。

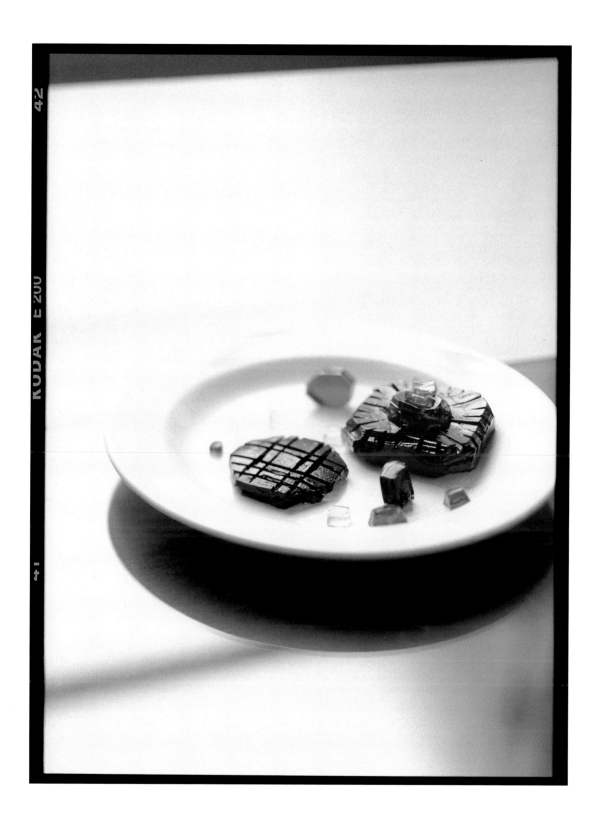

147

ロード・オブ・ドッグタウン

2005年／アメリカ／107分

2005年12月公開

今やオリンピック競技になったスケートボードやスノーボードで、ハーフパイプの壁を垂直にかけ上がり空中に飛び上がる技、いってみればエクストリーム・スポーツを象徴する技を発明したのが、この映画に描かれた"ドッグタウンの主たち"なのだ。

'75年、LAのヴェニス（1世紀前にイタリアのヴェネツィアを模して造られた運河のあるリゾート・タウン。徐々に荒んで、70年代にはスラム化してきていた）のドッグタウンと呼ばれる地区に、Zephyrというサーフ・ショップがあった。店主のスキップ・イングロム（ヒース・レジャー演）がウレタンを車輪部分に使った新しいスケートボードをPRするために、店を溜まり場にしていた3人の少年たちをチームにしたのがZ-BOYS。スケートボードは道路を滑走する競技として60年代から人気で、多くの大会が開かれていた。彼らZ-BOYSはヴェニスの住宅地で、使われていない底の丸いプールを見つけ、練習場に使い始めた。そのうちにボウル状のプールならではのオリジナルの技を生み出し、それがスケートボードを平面的な競技から、空中を飛ぶ立体的な競技に変えてしまった。Z-BOYSはスケートボードの革命児になっていった……。

Z-BOYSのジェイ・アダムス（エミール・ハーシュ演）、トニー・アルヴァ（ヴィクター・ラサック演）、ステイシー・ペラルタ（ジョン・ロビンソン演）の3人はそれぞれ人気のスケーターとして活躍した。本作は、ペラルタが脚本を書き、キャサリン・ハードウィックが監督に当たった。

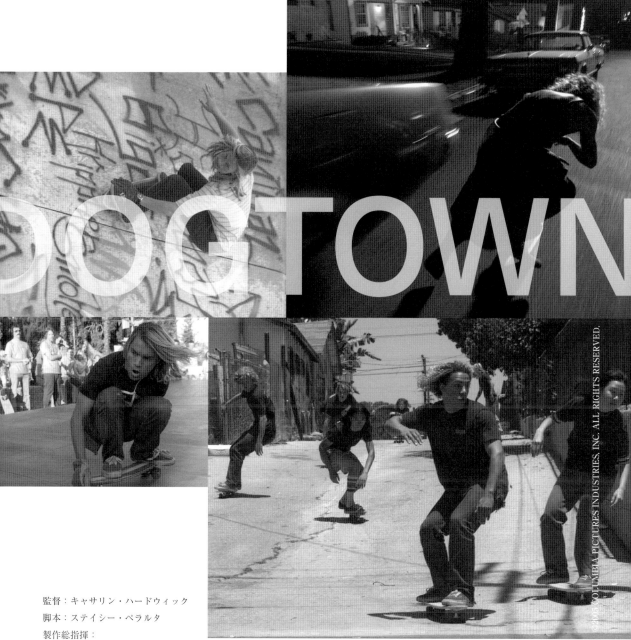

DOGTOWN

監督：キャサリン・ハードウィック
脚本：ステイシー・ペラルタ
製作総指揮：
デヴィッド・フィンチャー／
アート・リンソン／
ジョー・ドレイク

出演：エミール・ハーシュ／
ヴィクター・ラサック／
ジョン・ロビンソン／
レベッカ・デモーネイ／
ヒース・レジャー

ロード・オブ・ドッグタウン
Blu-ray 発売中
価格：¥1,800＋税
発売・販売元：
ソニー・ピクチャーズ エンタテインメント

ボードの形に似てなくもない舌ビラメ。

同じくボードの形に似てなくもないバタール（こんな形のフランスパン）。

にんじんのウィールをつけて、サンドイッチを作ろう。オニオンパウダーと

ガーリックパウダーを効かせたアメリカンなテイストの玉ねぎをはさもう。

舌ビラメはもともとおもしろい形の魚だと思っていたけど、映画を見た後ならば、

この形にも大いにうなずける。

きっと舌ビラメも海底で回転したり、はねたり、そっくりかえったりしているのだろう。

同じくバタールはきっとオーブンの中で勢いをつけて

1段上の天板に飛び乗ったりしているのだ。

homage to『ロード・オブ・ドッグ・タウン』

ボードフィッシュサンドイッチ

Board Fish Sandwich

材料（1個分）

舌ビラメ（3枚におろしたもの）…2枚

玉ねぎ（輪切り）…1個分

A：

固形スープの素…1個

タバスコ、オニオンパウダー、ガーリックパウダー…各適量

水…1カップ

溶き卵…1個分

全粒粉…大さじ3〜4

バタール…1/2個

バター、砂糖、塩、こしょう、トマトケチャップ…各適量

ゆでたにんじん、ポテトチップス…各適量

1　鍋に玉ねぎ、Aを入れ、煮る。しんなりしたら塩と砂糖で味をつける。

2　舌ビラメは2枚を竹串で縦に長く合体させて両面に塩、こしょうをふる。

3　全粒粉に溶き卵を混ぜて塩、こしょうを加え、2の表面にぬる。

4　天板にオーブンペーパーを敷いて3をのせ、200℃のオーブンで20分ほど焼く

5　バタールにバターをぬり、1と4をのせてケチャップをかける。ゆでたにんじんをウィール風に飾り、ポテトチップスを添える。

＊　食べる時には竹串をはずしてね。

ブロークバック・マウンテン
Brokeback Mountain

2005年／アメリカ／134分
2006年3月公開

原作はピューリッツァー賞を受賞している作家、E・アニー・プルーが書いた短編小説。掲載された『ニューヨーカー』誌で読んで涙が止まらなかったというダイアナ・オサナとラリー・マクマートリーが脚本化。『グリーン・デスティニー』で映画的にも興行的にも評価の高い台湾出身のアン・リーが監督した。ヴェネツィア国際映画祭で金獅子賞を受賞。
'63年夏から20年間続いた、寡黙なイニス（ヒース・レジャー演）と天衣無縫なジャック（ジェイク・ギレンホール演）の愛の物語。二人は、ワイオミング州のブロークバック山で、羊の放牧をする季節労働者として雇われている。美しい風景の山の中の牧場で、ひと夏をキャンプ生活で過ごす。仕事仲間としての友情に始まり、いつしかお互いに惹かれあい、ある夜肉体関係を持つ。放牧の季節が終わり山を降りる。二人は離れて暮らし、結婚をし、家庭を作る。しかし、お互いのことを忘れられず、家族に秘密で会うことになる……。
60年代という同性愛がタブーの時代に、保守的な中西部で、カウボーイというマッチョな世界観の中、イニスとジャックは、自分の内面を整理することができないまま、お互いを愛していく。イニスの妻にはミシェル・ウィリアムズ、ジャックの妻にはアン・ハサウェイと、実力ある俳優を揃えている。

©2005 Focus Features LLC. All Rights Reserved.

WYO
9 218

監督：アン・リー
原作：アニー・プルー
脚色：ラリー・マクマートリー／ダイアナ・オサナ
撮影：ロドリゴ・プリエト
音楽：グスターボ・サンタオラヤ
衣装：マリット・アレン
美術：トレーシー・バリスキー

出演：ヒース・レジャー／ジェイク・ギレンホール／
アン・ハサウェイ／ミシェル・ウィリアムズ

ブロークバック・マウンテン
Blu-ray 発売中
価格：¥1,886 ＋税
発売・販売元：
NBC ユニバーサル・エンターテイメント

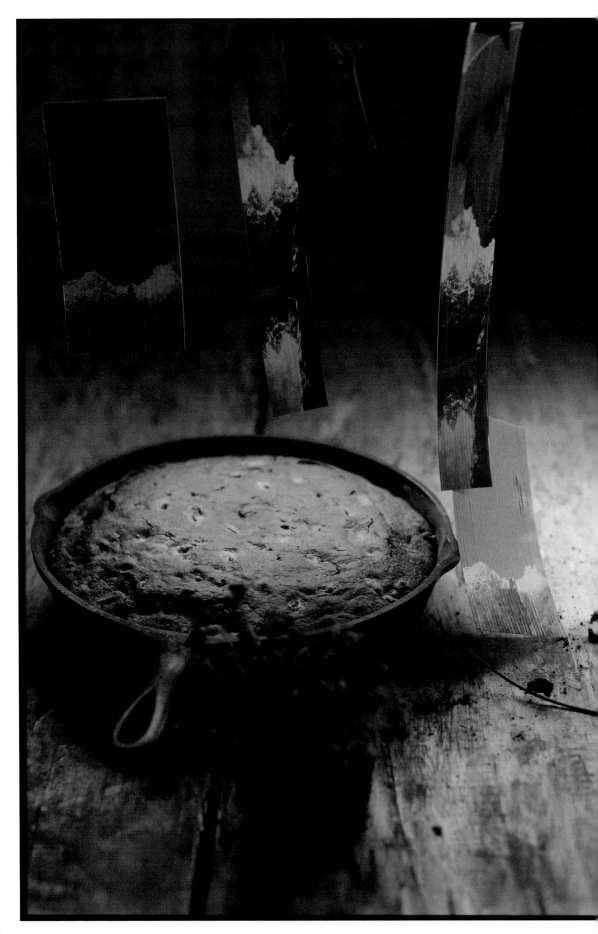

この大きなマフィンはスキレットごとオーブンに入れて焼いたけど、

本来ならば屋外で、焚火で焼きたいものだ。

ベーコンや肉を焼いた後の塩けが残ったようなスキレットに

生地を入れて、ごく弱火で焼く。ごく弱火と言っても

焚火だとむずかしいので、マフィンの底面は真っ黒け。

パーコレーターでいれたコーヒーを飲みながら食べる。

屋外の焚火もなく、大きなオーブンもなければ、

直火でフタをして、ごく弱火で焼こう。生地から砂糖を除いて焼いて、

あとでハチミツやメープルシロップやジャムを添える。

homage to 『ブロークバック・マウンテン』

豆入りマフィン
Beans' Muffin

材料（直径26〜28cmのスキレット1個分）

バター…160g

砂糖…380g

卵…3個

薄力粉…420g

ベーキングパウダー…小さじ3

牛乳…120ml

プレーンヨーグルト…70g

A：

レモンの皮のすりおろし…3個分

バニラエッセンス…小さじ3

キドニービーンズの水煮缶…正味240g

チョコチップ…70g

ピーカンナッツ…150g

松の実…40g

1　ボウルにバターと砂糖を入れ、白っぽいクリーム状になるまで泡立て器でよく混ぜる。

2　1に卵を1個ずつ加え、混ぜる。

3　薄力粉とベーキングパウダー、牛乳、ヨーグルトを順に加えて混ぜる。

4　3にAを順に加えてさっくり混ぜる。

5　スキレットまたは型にバター（分量外）をぬり、強力粉（分量外）をはたく。4を流し入れ、平らにならして180℃のオーブンで50〜60分焼く。串をさして、何もついてこなかったら焼き上がり。

2005年／アメリカ／116分
2006年6月公開

ゲット・リッチ・オア・ダイ・トライン
GET RICH or DIE TRYIN'

ラッパーの50セント、ことカーティス・ジャクソンが演ずる半自伝映画。50セントは、父は不明、麻薬の売人の母は彼が8歳の時に殺害される。自身も麻薬の売人になり大金を稼ぐ。ラッパーに転じ、実人生のリアリティもあり、アルバムは記録的売り上げをあげた。その彼が語ったハードコアな半生を"マーカス"というラッパーのストーリーに作り上げたのは、アイルランドの問題を扱った『父の祈りを』などの社会派の名匠ジム・シェリダン。U2のボノが50セントをシェリダン監督に紹介した。50セントはシェリダンの全作品を見て、撮影に臨んだという。
主人公マーカスも50セント同様、母が麻薬のトラブルで死に、祖父母の大家族の中で育つ。子供ながらに、自分のスニーカーに引け目を感じ、

監督＋製作：ジム・シェリダン
音楽：クインシー・ジョーンズ

出演：カーティス・"50セント"・ジャクソン／
テレンス・ハワード

麻薬の売人を始め、手にした金でスニーカーを買う。そのうち、シマの争いから銃を手に入れ、そのトラブルから大家族の家を離れていく。新しいドラッグの精製法を得て、麻薬の売人として成功していく。が、売り上げをあげていくにつれ、コロンビアのギャングとシマの取り合いになったり、身内の兄貴分やボスとの内紛が起き始める。自分の中でラップへの情熱が上がってき始めたり、幼なじみの女の子と再会し恋愛が始まったりするうちに、シマの争いから、刑務所に入ることになる……。

ゲット・リッチ・オア・ダイ・トライン
DVD 発売中
価格：¥1,429 ＋税
発売・販売元：
NBC ユニバーサル・エンターテイメント

着せ替えマーカス

Dress up Marcus

材料（作りやすい分量）

薄力粉…180g

強力粉…180g

ココア…大さじ6

砂糖…135g

バター…180g

水…60ml

アイシング：

卵白…少々

パウダーシュガー…1〜1と1/2カップ

レモン汁…少々

食用色素（赤、青、黄、緑）…各少々

下準備　厚紙でマーカス型を切り抜く。

1　ボウルに粉類、ココア、砂糖を入れ、小さく切ったバターと水を加える。指先でバターをつぶしながら粉と混ぜるようにして全体をひとまとめにする。ラップ（!!）でくるんで冷蔵庫で30分休ませる。

2　30×30cmのオーブンペーパー2枚を用意し、1の生地を挟み、上からめん棒で4.5mmの厚さにのばす。マーカス型の厚紙を生地に合わせ、ナイフで切り抜く。残った生地で十字架も切り抜く。

3　天板に別のオーブンペーパーを敷き、2を間隔をあけてのせる。180℃のオーブンで15〜20分ほど焼く。焼き上がったら網にのせて冷ます。

4　アイシングを作る。パウダーシュガーに卵白とレモン汁を少しずつ加え、砂糖にツヤか出るまでよく練る。食用色素をほんの少しの水で溶き、いろいろな色のアイシングを作る。

5　アイシングは色ごとに小さなビニール袋に入れて輪ゴムで留め、袋の角をハサミで切れば、チューブの絵の具のように使える。焼き上がったクッキーに服やアクセサリーをデコレーションする。

マーカスは服とスニーカーが大好き。
今はなんでも買えちゃうだろうけど
子どもの頃にウィンドウをのぞいて夢みたスニーカーも、
背中ではなく、お腹にだって好きなところにタトゥも、
着せ替え人形ならばオッケーだ。

ぶっといベルトも、それにでっかいバックルも。
縁取りのタンクトップも、合わせて片足ラインのジャージパンツ。
網の帽子も赤いペンダントも思いのまま。
どうよ、ビスケットのマーカス！？

ダーウィンの悪夢
Darwin's Nightmare

2004年／フランス・オーストリア・ベルギー／112分
2006年12月公開

東アフリカに広がる豊かなビクトリア湖、そこに繁殖した外来種のナイルパーチを通して、グローバリズムといわれる「地域と世界」が複雑に絡み合った問題を解き明かしていくドキュメンタリー。監督はフーベルト・ザウパー。セザール賞最優秀初監督作品賞など様々な映画賞を受賞。

舞台はタンザニアのビクトリア湖の周辺地域。ナイルパーチは大型魚で、癖がない白身魚としてフライ用などにヨーロッパや日本に多く輸出される。水産資源として利用価値が高いので、ビクトリア湖でも放流されたものが大繁殖。が、これが生態系に問題を起こしている。地域経済としては、輸出用工場ができ一大産業になる。が、侵略的外来種に指定されるほど繁殖力が強いため、在来種の多数の淡水魚が激減・絶滅し、周辺の漁業に影響を与えている。経済の還流や雇用のかたちが変わる中で、貧困が生まれ、売春やストリート・チルドレンが増え、エイズやドラッグが蔓延するという悪夢。そして、工場から出荷される加工ナイルパーチを空輸するために、日々東欧から飛んでくるカーゴ飛行機。帰り便にはナイルパーチを満載しているのだが、到着便には何を？　武器の疑いが浮かんでくる……。

©Mille et Une Productions, COOP99 Filmproduktion

監督＋構成＋撮影：フーベルト・ザウパー

ダーウィンの悪夢
DVD 発売中
価格：¥3,800 ＋税
発売・販売元：
NBC ユニバーサル・エンターテイメント

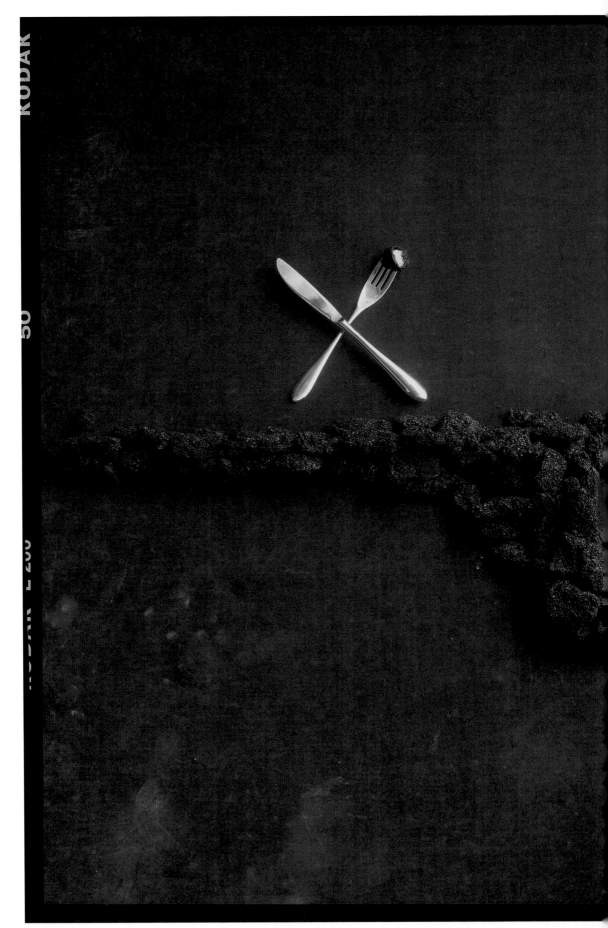

今から数十年も前に料理した話だけど、子どもの外国文学に題材を得た
料理本の撮影で冷凍のナイルパーチを手に入れたことがある。
それらの外国文学の中には日本で生まれた私たちの日常生活とは相当違う
食生活が展開され、鳩の肉でパイを作ったり（宝島）、
未熟なトマトでピクルスを作ったり（大草原の小さな家）、
それぞれに苦労して料理した。
マーク・トウェインの『トム・ソーヤーの冒険』では、ミシシッピー川に暮らす
トム・ソーヤーが釣り上げた（気持ちになれる）ナマズを料理したかった。
が、ナマズを手に入れることができず、代わりに手に入れることができる
外国の川魚ということでパーチにめぐりあった。鮎やイワナで代用するより
マシだと思ったけれど、頭も尾もついていない小ぎれいな身だけのパーチは
なんともトム・ソーヤーらしくない。それがナイルパーチだった。
大箱で冷凍で外食業者向けだった。

homage to 『ダーウィンの悪夢』

ブラックフィッシュフライ
Black Fried Fish

材料（作りやすい分量）
冷凍ナイルパーチ（アフリカの魚）または白身魚…5切れ
溶き卵…1個分
塩、こしょう…各適量
黒いパン粉（イカスミ入りのパンを細かくひいたもの）、
黒ごまペースト、黒すりごま、揚げ油…各適量

1 ナイルパーチを解凍し、食べやすい大きさに
　切る。塩、こしょうをふって黒すりごまをま
　ぶしつける。
2 溶き卵に黒ごまペーストを加えて混ぜ、1を
　くぐらせて黒いパン粉をまんべんなくつけ
　る。
3 中温に熱した揚げ油で2をカラリと揚げる。
＊ 好みでレモンとみじん切りの玉ねぎを添えても。

ブラザーズ・オブ・ザ・ヘッド
Brothers of The Head

2006年／イギリス／93分
2007年1月公開

伝説のロックバンド、The Bang Bangを知っているだろうか？　怪しくも美形
の兄弟、腹部でくっついた結合体双生児のまま大人になった二人は、'75年パン
ク誕生直前、ロンドンで狂乱のライブを行ったまま、世界から忽然と消えてし
まった。そのThe Bang Bangの当事者にインタビューし、その始まりと終わ
りを明らかにしていく。ドキュメントの形をとったフィクション。
原作は、スティーヴン・スピルバーグの『A.I.』の原作者でもあるSF作家ブラ
イアン・オールディス。脚本はトニー・グリゾーニ。そして、彼が脚本を書い
た『テリー・ギリアムのドン・キホーテ』の製作顚末をドキュメント映画『ロス
ト・イン・ラ・マンチャ』にしたキース・フルトン＆ルイス・ペペが監督した。
美しきトムとバリーのハウ兄弟を演じたのは、実際に双子であるハリー・トレッ
ダウェイとルーク・トレッダウェイ。
音楽はマッドネスのプロデュースをしたクライヴ・ランガー。

共同監督：キース・フルトン＆ルイス・ペペ
脚本：トニー・グリゾーニ
原作：ブライアン・オールディス

出演：ハリー・トレッダウェイ／
ルーク・トレッダウェイ／
ブライアン・ディック／
ショーン・ハリス／
ケン・ラッセル

ブラザーズ・オブ・ザ・ヘッド
好評配信中
アスミック・エース

もし誰からも理解されていないように感じたり、

愛されていないと感じたり、

誰からも守られていないと感じたり、

自分の居場所がどこにもないように感じたら、

目がさめたときにやることは、

泣きながら学校に出かけて行くことだろうか？

彼らのように（実際にやったかどうかの証言はありませんが）

まず皿を壊して、

壊れた皿に料理を盛りつけ、

栄養ある朝ごはんを食べることだ。

homage to 『ブラザーズ・オブ・ザ・ヘッド』

ぶち壊れ皿とちぎれトースト

Broken Bread on The Broken Plate

材料（1人分）

食パン（6枚切り）…1枚

卵…2個

うずら卵…1個

バター…適量

イタリアンパセリ（みじん切り）…適量

塩、こしょう…各適量

ソーセージ、トマト、マスタード、

トマトケチャップなど…各適量

1 食パンを大小の丸い型を使ってくりぬく（大2カ所、小1カ所）。くりぬいた丸は食べちゃう。

2 イタリアンパセリはバターと混ぜ合わせる。

3 食パンに2のパセリバターをぬる。天板にオーブンペーパーを敷いてのせ、くりぬいたところに塩、こしょうをふり、卵、うずらの卵を割り入れる。

4 180℃のオーブンで8〜10分焼く。

＊ 好みでソーセージや焼いたトマトなどを添える。

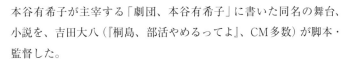

腑抜けども、悲しみの愛を見せろ
FUNUKE Show Some Love, You Losers!

2007年／日本／112分
2007年7月公開

本谷有希子が主宰する「劇団、本谷有希子」に書いた同名の舞台、小説を、吉田大八（『桐島、部活やめるってよ』、CM多数）が脚本・監督した。

のんびりした田舎の公道で、和合家の両親が亡くなった。訃報を受け、東京から舞い戻ってきた女優志望の姉の澄伽（すみか）（佐藤江梨子演）による、母違いの兄の宍道（しんじ）（永瀬正敏演）、妹の清深（きよみ）（佐津川愛美演）、兄嫁の待子（まちこ）（永作博美演）に対する支配的パワー・ハラスメントの数々と逆転劇。

澄伽は、全能感溢れる自意識過剰ぶりで、東京では女優を目指しているが、どこかに実現できないのではないかという不安がある。実家では女王様のように威圧的に振る舞う。宍道はとある秘密を握られていて逆らえない。清深は過去に姉の悪行を漫画に描き投稿、掲載され近所で姉が笑い者にされるという事件を起こして、姉の激怒をかったまま。待子はコイン・ロッカーに捨てられ、施設で育ったという不幸な過去から、現在の生活を全て受け入れている。澄伽は田舎への不満を言いながらも東京に戻らない。そこに東京から手紙が届く……。

監督：吉田大八　　　　　出演：佐藤江梨子／
原作：本谷有希子　　　　　　　　佐津川愛美／
主題歌：チャットモンチー　　　　永作博美／
　　　　　　　　　　　　　　　　永瀬正敏／
　　　　　　　　　　　　　　　　山本浩司／土佐信道（明和電機）／
　　　　　　　　　　　　　　　　上田耕一／谷川昭一朗／
　　　　　　　　　　　　　　　　吉本菜穂子／湯澤幸一郎／
　　　　　　　　　　　　　　　　ノゾエ征爾／米村亮太朗

腑抜けども、悲しみの愛を見せろ
DVD発売中
価格：¥3,800＋税
発売・販売元：アミューズソフト

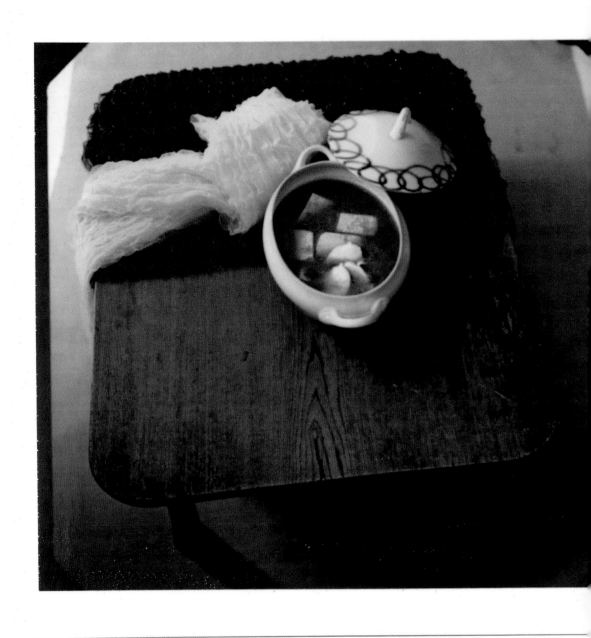

世の中に親子丼というものアリ。親子は鶏と卵、鮭とイクラがポピュラーだ。

ズッキーニの花ズッキーニ詰め、なんてシャレた料理も親子関係だな。

さらに従兄弟煮というものアリ。どこが従兄弟だ？

と疑問を抱かせるところがミソ。

従兄弟関係はかぼちゃと小豆が一般的だ。

さて、キョウダイ料理だってアル。大根の葉と大根の漬け物だ。

あ、これは間違いだ。同一人物関係だな。

豆腐とモッツァレラのキョウダイスープだ。あ、これは怪しいね。

豆腐とチーズは似て見えるが、親が違うから間違いキョウダイ関係だ。

キョウダイと思いたい関係だな。

片方は発酵しちゃって伸びる。片方は伸びないベジタリアン素材だ。

どっちもタンパク質だ。

どっちがおいしいか、栄養があるか、長持ちするか、

なんて話はキリなくできる。

homage to 『腑抜けども、悲しみの愛を見せろ』

豆腐とモッツァレラの
キョウダイスープ

Battle Hot Soup

材料（4人分）
豆腐…1丁
モッツァレラチーズ…1個
トマトの水煮缶…1個（約400g）
にんにく（みじん切り）…1/2片分
オリーブオイル…大さじ2
固形スープの素…3個
水…1ℓ
塩…適量
カイエンペッパー…小さじ2

1 鍋にオリーブオイル大さじ1とにんにくを入れ、焦がさないように炒める。香りが立ったらトマトの水煮をつぶして加え、炒め合わせる。

2 1に水とスープの素を加えて中火で10分程度煮る。

3 フライパンに残りのオリーブオイルを中火で熱し、カイエンペッパーを加えてさっと炒める。

4 3と塩を2の鍋に加えてよく混ぜ、角切りにした豆腐を加えて弱火で10分ほど煮る。

5 器にスープを盛りつけ、食べやすく切ったモッツァレラをのせてでき上がり。

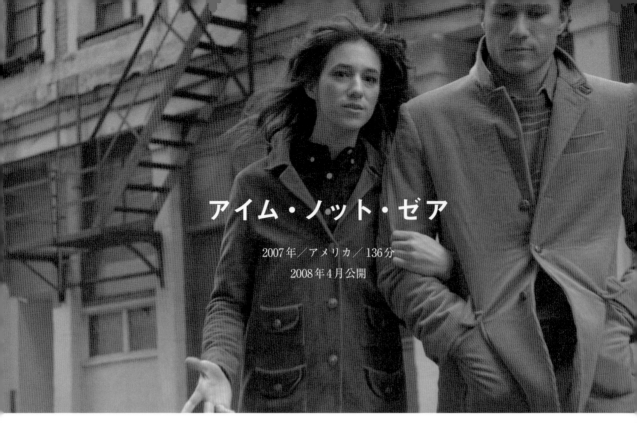

アイム・ノット・ゼア

2007年／アメリカ／136分
2008年4月公開

I'M NOT T

ノーベル文学賞を受賞したボブ・ディラン。受賞式に出ないのはなぜ？ '98年から始めた「ネヴァーエンディング・ツアー」という年100回近く行うツアーは、30年以上続き終わることはない。ディランは謎だらけ。デビューした時から、様々な顔を見せてきた。グリニッジ・ヴィレッジのフォーク・シンガー？ 野心家のポップ・アイドル？ フォーク・フェスに混乱を巻き起こすロック・ミュージシャン？ ルーツ・ミュージックを探求するウッドストックの隠遁者？ どこにもいるけど、どこにもいない。
そんなディランの全体像を、ヒース・レジャー、クリスチャン・ベイル、リチャード・ギア、それに男装のケイト・ブランシェットなど、6人の俳優で描いていく。まるでポエトリー・リーディングのように映像を繋いでいくのは、監督のトッド・ヘインズ。

監督：トッド・ヘインズ

出演：クリスチャン・ベイル／ケイト・ブランシェット／
マーカス・カール・フランクリン／リチャード・ギア／
ヒース・レジャー／ベン・ウィショー／
シャルロット・ゲンズブール／
ジュリアン・ムーア／ミシェル・ウィリアムズ

HERE

アイム・ノット・ゼア
DVD 発売中
価格：¥4,700 ＋税
発売・販売元：ハピネット

173

過去には音楽はいつも四角いレコードジャケットの中で生きていた。
ミュージシャンはいつも四角いジャケットの中で生きていた。
ジャケットの中で、グリニッジ・ヴィレッジを歩き、
マイクに歌い、悩み、横を向き、
真っ黒いサングラスをかけて、笑った。

配信には配信の、空気の中を音楽が耳元まで届く魅力があるけれど、
レコードにはジャケットといっしょに詰まった特別なモノの魅力がある。

homage to 『アイム・ノット・ゼア』

ジャケット・サラダ
Jacket Salad

材料（20×20cm、1個分）
じゃがいも…3個
黒ごまペースト…大さじ2
ワイルドライス…30g
押し麦…30g
赤パプリカ（みじん切り）…1/2個分
オリーブ（みじん切り）…20粒分
木綿豆腐…1丁
カッテージチーズ…適量
玉ねぎ（みじん切り）…1/8個分
セロリ（みじん切り）…3cm分
レモン汁…大さじ2
オリーブオイル…大さじ3
レタス…1/4個
サラダ菜…1個
サンドイッチ用ライ麦パン…4枚
塩、こしょう…各適量
エディブルフラワー
（パンジー・黄、紫）…各適量

1 じゃがいもは適当な大きさに切って、水から
　ゆでて熱いうちにつぶす。塩、こしょう、黒
　ごまペーストを加えて混ぜる。

2 ワイルドライスは水からさやが割れるくらい
　まで30分ほどゆでてざるに上げて冷ます。

3 押し麦は熱湯で15分ほどゆでてざるに上げ
　て冷まし、オリーブオイル（分量外）と塩、
　こしょうを加えて混ぜる。

4 赤パプリカ、オリーブは塩少々をふる。

5 水切りをした豆腐を手でつぶし、カッテージ
　チーズ、玉ねぎ、セロリ、レモン汁、オリー
　ブオイル、塩、こしょうを加えてよく混ぜる。

6 レコードジャケットを20×20cmに縮小コ
　ピーし、さらに左右反転コピーを取って20
　×20cmの箱に敷き、箱の内側全体にラップ
　を敷きこむ。

7 人物や背景に合わせて2、3、4、エディブル
　フラワーをのせ、1を詰める。その上にレタ
　スとサラダ菜をちぎって敷き、5を重ね、ラ
　イ麦パンでふたをする。

8 皿の上に箱をひっくり返してラップをはず
　す。

ぐるりのこと。
All Around Us

2008年／日本／140分
2008年6月公開

結婚式もあげていないままの夫婦と"周りのこと"。脚本・監督は橋口亮輔。夫婦を演じたのは映画初主演の木村多江とリリー・フランキー。様々な映画賞を受賞した。
'93年、妻、翔子は妊娠中で、出版社で勤務している。ともに美術学校出身でひょうひょうとした夫、カナオは先輩の勧めで、新聞社の法廷画家の職を得て、それから起こっていく様々な事件を見つめていく。翔子は赤ちゃんがお腹で動いた喜びを感じた後日、流産をしてしまう。このことが翔子を少しずつ苦しめ、鬱になっていく。周りの人々とのできごとと、実際の事件をちりばめながら、二人が互いに支え合っていく様子を描く。

原作＋脚本＋編集＋監督：橋口亮輔
撮影：上野彰吾
照明：矢部一男
録音：小川 武
美術：磯見俊裕
衣装デザイン：小川久美子
音楽プロデューサー：北原京子
音楽：Akeboshi
プロデューサー：渡辺栄二
企画・製作：山上徹二郎
制作：シグロ

出演：木村多江／
リリー・フランキー／
倍賞美津子／寺島 進／
安藤玉恵／八嶋智人／
寺田 農／柄本 明

ぐるりのこと。
DVD 発売中
発売元：バップ
©2008『ぐるりのこと。』
プロデューサーズ

おめでたそうなごはんをつくりました。

金色の皿にのせて少しスマした姿ですが、

中身はいたってふつうです。

平平凡凡なシャケとたらこ。おにぎりの具です。

この太巻きおにぎりで2人を祝います。

太巻きおにぎり

Roll Sushi

材料（1本分）

炊きたてのご飯…2合分

焼きのり…3枚

鮭フレーク…大さじ5

白いりごま…大さじ3

たらこ…1腹

1 のりは4cm幅を5枚、2.5cm幅を5枚切る。

2 たらこは薄皮から身をこそげ、ご飯100gを取り分けて混ぜ合わせる。

3 2.5cm幅ののり5枚に2を薄くのばし、長い辺を自分と平行において手前から二つに折る。

4 ご飯250gに鮭フレークといりごまを加えて混ぜる。

5 4cm幅ののり5枚に4を薄くのばし、それぞれ3を中に入れて巻く。

6 5を5本、花型のようにまとめる。

7 1と1/2枚分ののりをぴったりと並べておき、残りのご飯を薄くのばして6をのせて巻き、ラップでしっかりとくるむ。

8 2cm幅ほどに切って皿に並べる。

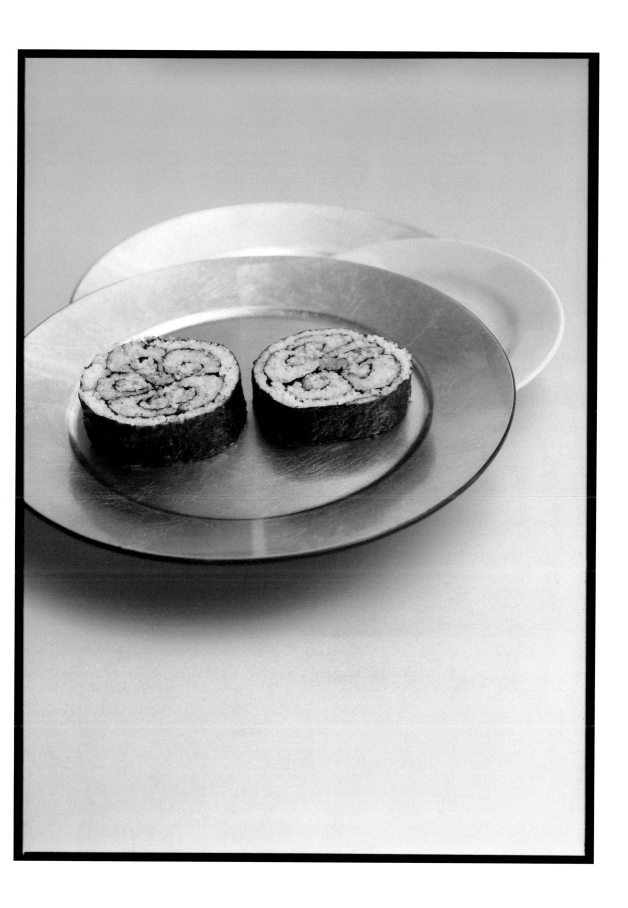

TOKYO!

2008年／フランス・日本・韓国合作／110分
2008年8月公開

『メルド』
監督＋脚本：レオス・カラックス

出演：ドゥニ・ラヴァン／
ジャン＝フランソワ・バルメール／
石橋蓮司／北見敏之／嶋田久作

『インテリア・デザイン』
監督＋共同脚本：ミシェル・ゴンドリー

出演：藤谷文子／加瀬 亮／伊藤 歩／
大森南朋／妻夫木聡／でんでん

『シェイキング東京』
監督＋脚本：ポン・ジュノ

出演：香川照之／蒼井 優／竹中直人／
荒川良々／山本浩司／松重 豊

TOKYOをテーマにして、3人の外国人監督が、日本人のスタッフと作り上げた3作品からなるオムニバス。

『インテリア・デザイン』　ミシェル・ゴンドリー：フランス出身でアメリカで活躍

ヒロコ（藤谷文子演）は、映画監督の卵の彼氏、アキラ（加瀬 亮演）と上京し、友人の狭いアパートにころがりこむ。アキラの短編映画の上映会をするためだ。友人が煙たがってきたので、アパートを探すが、東京の住宅事情に悩まされる。足を棒にして歩き回っているうちに、自分の体が木の椅子に変身していた……。

『メルド』　レオス・カラックス（『ポンヌフの恋人』p.20、『ポーラX』p.96）：フランス

ある日、東京に謎の怪人メルド（ドゥニ・ラヴァン演）が出没する。マンホールから這い出てきて、銀座や渋谷で通行人に襲いかかり、花や紙幣を奪う。東京はゴジラ来襲のようにパニックに……。

『シェイキング東京』　ポン・ジュノ：韓国

男（香川照之演）はアパートにひとり引きこもっている。大量のトイレットペーパーと本が整理された部屋に、親からの仕送りと配達人とは目を合わさず受け取る宅配ピザで生きている。ある日、ピザを受け取り中に地震に襲われ、配達人の少女（蒼井 優演）と目が合ってしまい、衝撃を感じる……。

TOKYO!
DVD発売中
発売元：バップ
©2008「TOKYO!」

homage to 『TOKYO!』

アパートすし

Apartment Sushi

材料（8個分）
米…1合
水…1カップ
昆布…適量
すし酢…大さじ2

すしのネタ：
まぐろ、すずき、焼き穴子、こはだ、
甘えび、煮しいたけ、
なすの漬け物、パプリカ、きゅうり、
焼きのり、わさび…各適量

ご飯に混ぜる具材：
黒すりごま、ガリ、金ごま、
ビーツの汁、たくあん…各適量

薬味：
ローズマリー、むらめ、
穂じそ、黄菊…各適量

1　米をといでざるに上げ、30分ほどおく。
2　炊飯器に米、水、昆布を入れ、普通に炊く。
3　炊きたてのご飯をボウル（あれば飯台）にあけ、
　　すし酢をかける。ご飯を切るようにしゃもじで混
　　ぜる。
4　3を8等分にし、それぞれに具材を混ぜる。好み
　　のネタと薬味をのせたり巻いたりして、クリエイ
　　ティブな寿司を作る。

東京に住むおおよその人はアパートに住んでいる。
それらのおおよその人は広い意味で言うところの寿司を1日1回食べている。
ごくまっとうな意味の握り寿司はそれらのほとんどの人の好物である。

グーグーだって猫である
Gu Gu, the Cat

2008年／日本／116分
2008年9月公開

大島弓子（マンガ家、『綿の国星』など多数）の同名マンガを映画化。脚本・監督は犬童一心（p.144）。原作が作者自身の生活を元にしたエッセイマンガなので、主人公を人気マンガ家「小島麻子」として小泉今日子が演じ、猫のグーグーとのエピソードを連ねていく。冒頭、麻子が締め切りに没頭していると、先代の猫のサバが人間の女の子の姿になり小さな声で「さよなら」とつぶやく。原稿を描き終え、ホッとしてサバをみると死んでいた。この別れのショックのため仕事をする気力がわかない。虚無状態の麻子を救ったのは、新しく出会った猫、グーグーだった。しばらく休止していた仕事への情熱がもどり、上野樹里演じるナオミや、森三中演じるアシスタントたちを呼び集め、新しいマンガを描き始める。グーグーにより新しい出会いもあり、加瀬 亮演じる謎の青年、沢村青目との交流が始まる……。

合間に、マーティ・フリードマン演じる英語教室の先生が、狂言回しとして語りかけてくる。井の頭自然文化園や楳図かずおのことなど、吉祥寺の街案内の映画でもある。

脚本＋監督：犬童一心
原作：大島弓子
音楽：細野晴臣
プロデューサー：久保田 修／小川真司

出演：小泉今日子／
上野樹里／加瀬 亮／
大島美幸・村上知子・黒沢かずこ（森三中）／
林 直次郎（平川地一丁目）

グーグー
だって
猫である

185

この吉祥寺どんぶりは猫も人間も一緒に食べることができます。
もし美容と健康のことを気にかけるのなら
猫にも人間にもサラダをつけてあげてね。
＊メンチカツは人間だけでどうぞ。

homage to 『グーグーだって猫である』
吉祥寺どんぶり
Kichijoji-Bowl

材料（丼2杯分）
炊きたてのご飯…300g
かつお節…適量
焼き鳥…5〜6串
七味唐辛子、練りがらし…各適量

焼売・6個分：
豚ひき肉…150g
ザーサイ（みじん切り）…20g
チャーシュー（みじん切り）…20g
ごま油…小さじ1/2
しょうゆ…小さじ1/2
砂糖…小さじ1/2
片栗粉…小さじ1/2
塩、こしょう…各少々
焼売の皮…6枚
グリンピース…6粒

メンチカツ・4個分：
牛切り落とし肉…200g
玉ねぎ（みじん切り）…1/2個分
塩、こしょう…各適量
薄力粉、溶き卵、パン粉、揚げ油…各適量

1 焼売を作る。ボウルに豚ひき肉、ザーサイとチャーシュー、ごま油、しょうゆ、砂糖、片栗粉、塩、こしょうを入れてよく練り混ぜる。

2 焼売の皮に1をのせて包み、グリンピースをのせる。蒸気の上がった蒸し器で10分ほど蒸す。

3 メンチカツを作る。牛肉をフードプロセッサーにかける。

4 ボウルに3と玉ねぎ、塩、こしょうを入れ、よく練り混ぜる。

5 4を4等分し、球形に成形する。薄力粉、溶き卵、パン粉を順につけ、180℃の揚げ油でカラリと揚げる。

6 器にご飯を盛り、かつお節をたっぷりのせる。上に焼き鳥、焼売、メンチカツをのせる。七味唐辛子とからしを添える。

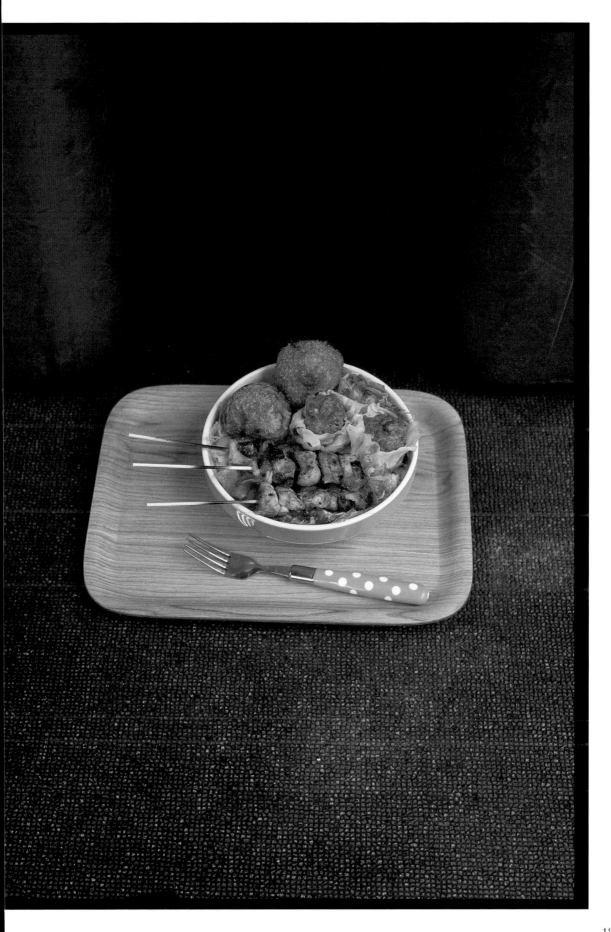

おわりにかえて

いつぐらいだっただろうか。ブックデザイナーの友人から一冊の本をもらった。それは1999年に発売された、東京・渋谷のミニシアター"シネマライズ"で上映された映画と、料理レシピが掲載されたパンフレットをまとめた『映画を食卓に連れて帰ろう』というタイトルの本。私が手にしたのは発売からずいぶんと月日が経ってからのことだった。パラパラページをめくりながらわかったのは、料理レシピは、映画の中に出てくるものではないんだなってこと。しいて言えば、映画を観た後のむき出しのままの感情や感想が、料理というかたちになって並んでいるように感じた。しかもその料理!?は、まるで一緒に映画を観たかのごとく、空気（感情!?）ごと写真に収められているようだった。

料理を作っていたのは、CUELの故 山田 亮さん、スタイリングは同じくCUELのハギワラトシコさん（のちに料理も担当）。そして写真は、故 小泉佳春さん。それぞれがそれぞれのパートに向き合い、映画を観終わった後の余韻を味わうかのごとく、数々の料理ページが生み出されてきたのだと知ったのは、すでにお二人が他界されたあとだった。

「今では普通のことだけどさ」とは、最近のハギワラさんの口癖。
そう、今では普通のことだけれど、料理だけ、洋服だけ、娯楽だけではなくて、生活のなかにはさまざまなシーンがあって、食べることも、寝ることも、遊ぶことも、身の回りのことも、いろいろな欠片が集まってひとつのライフがライブになるわけで、そのなかに、映画を観ることもあれば、旅に出かけることもある。
だから、映画と料理が同等に、ひとつところに並んで収まっていても、別に何も不思議なことはないでしょ!?という、シネマライズの考えが、パンフレットに料理レシピを加えることとなり、一冊の本が生まれるに至った。

当時は、なぜ、映画のパンフレットに料理!? と思った人も多かっただろう。
しかも、映画に出てくる料理のレシピではなくて!?
そんな"!?"をまったく気にもせず、我が道を歩み続け、えいやっと成し遂げ、本気で仕事と遊びに向き合ってきた大人たちの残してくれた一冊を、また、どうにかしてこの世に出したいと思ったのは、ある日、別件で久しぶりにハギワラさんに会ってからだった。

CUELの作る料理と言葉は、料理と旅についての執筆、編集を生業にする私にとって、いつでも背中を押し続けてくれる、大きなパワーだった。そう勝手に思ってきた。大人もふざけていていいんだよ、本気だったらね。そんで、いつでも自由でいようよ、思うがままに生きようよ。型にはまるなよ！と。

だから今、もう一度、自由な思いと、型にはまらない、
そして時には作れないかも知れないレシピ本があったっていいじゃないかというおちゃめ
さも含めて（ちゃんと作れるんですけどね、、、そうは言っても）、シネマライズで上映し
てきた映画と、CUELの料理、小泉さんの写真を一冊にまとめてみました。
前作には掲載されていない映画も、料理もたっぷりと入れ込み、ついでに、新しい隠れ家
や秘密の空き地を見つけたときのようなワクワクした気持ちも一緒にこっそりしのばせま
した。

いつか、こんな大人になりたいと彼らの背中を追い続けてきた私も、すっかり大人になり、
もういい加減にしなくちゃと思うことも山盛りですが、でも、やっぱり、今も現役で自由
ingの、大先輩たちを前にし、また今回この本を編集させていただいたことで、あらため
て大切なことは何なのかを知った次第です。

前作をご存知の方も、初めてシネマライズやCUELを知る方も、この本を開き、自分にとっ
ての大切をみつけてみてください。

最後になりましたが、この本を編集、再出版するにあたり、新しい息吹を吹き込んでくだ
さったデザイナーの中村善郎さん、快くかつての活動のお話をしてくださり、また私たち
にワクワクした気持ちを思い起こさせてくださったシネマライズの頼 光裕さんと頼 香苗
さん。昔の資料を掘り起こしてくださった、故 小泉佳春さんの奥様 弘子さん、愛弟子の
鈴木静華さん。細かな作業を最後まで諦めずに続けてくれた編集スタッフの皆さん、そ
して、いつでも陽気に、チョチョイのチョイですごいもの（でもおいしい）を生み出す、
CUELのハギワラトシコさん。エレガントでパンクな料理と写真を残してくれた、山田
亮さんと小泉佳春さん。皆さんのおかげでまた新たな映画とフードの一冊が生まれました。

「映画は、もう食卓に連れて帰らなくてもいい時代になっちゃったわね。でもやっぱりい
つの時代もさ〜、映画っていいよね〜、本物の映画館で観るのも、心の映画館で観るのも
〜」by ハギワラトシコ

2020年、「なんでもだいたいでいいのよ〜」と言いながら、オーブンから焼きたてのケー
キを出すハギワラさんのいたずらっ子のような笑顔を思い出しながら。いろいろ炸裂の春
に！

赤澤かおり

著者紹介（料理と写真）

photo by Teruaki Nagamine　©Teruaki Nagamine

CUEL（キュール）
1981年、料理でパーティーをデザインするユニークなケータリングチームとして発足。東京を中心にショップのオープニング、新商品の発表会など流行最先端のスタイリッシュなパーティーのケータリングを行い、時代の先頭を走り続けている。キュールとはCUE！から。CUE！の合図で世の中にパーティーを発信したい、という思いでつけられた名前。

ハギワラトシコ
東京生まれ。武蔵野美術大学工芸工業デザイン学科卒業。インテリアスタイリストを経て1981年「キュール」に。ケータリングの仕事を始める。広告出版媒体で、イラストレーションの仕事も行っている。（写真左 左側、写真上）

山田 亮（1954 〜 2002年）
東京生まれ。CUELをハギワラトシコらとともに立ち上げ、その魅力的な料理やアイディアでパーティーやケータリングシーンを盛り上げた。ミュージシャンとしての一面も。（写真左 中央）

協力：撮影時のCUELスタッフ
上村郷子（2005 〜 2008年 料理担当）、橋本彩子、中村香、サゴイシオリ、辻 治子、松本和美、水橋美紀、タカハシユキ、廣澤史子、小谷原文子

小泉佳春（1960 〜 2011年）
東京生まれ。上田義彦氏に師事した後、1991年独立。美しい写真と、やんちゃな人柄で愛された写真家。3女の父でもある。40代になってからスノボのハーフパイプに挑戦したり、カラオケや日曜大工好き、の一面も。（写真上）

チーム ESTK
写真展実行チーム。シネマライズクローズ時の写真展や九州、沖縄での写真展などを行う。チーム名は、映画を食卓に連れて帰ろう、の略。
ハギワラトシコ
小泉 弘子
鈴木静華
上村郷子

小泉 弘子　　　　鈴木 静華　　　　上村郷子

「CUEL」
www.cuel.co.jp

Staff
文（映画）＋デザイン　中村善郎/yen
校正　麦秋アートセンター
画像修正　関口五郎（オフィス・ルート56）
編集　赤澤かおり

協力　小泉弘子　鈴木静華
特別協力　頼 光裕　頼 香苗

映画協力（五十音順）
アスミック・エース／アップリンク／アミューズ／アルバトロス／
NBCユニバーサル・エンターテイメント／オフィス・シロウズ／
KADOKAWA／カルチュア・エンタテインメント／紀伊國屋書店／
ギャガ／キングレコード／ソニー・ピクチャーズ エンタテインメント／
TCエンタテインメント／テレビマンユニオン／東北新社／ナイスレ
インボー／20世紀フォックス ホーム エンターテイメント ジャパン／
バップ／ハピネット／ハピネット・メディアマーケティング／バンダイ
ナムコアーツ／ポニーキャニオン／ユーロスペース／ワーナー・ブラ
ザース ホームエンターテイメント

写真協力
アフロ

しねまあんどふうど　えいが　しょくたく　つ　かえ
シネマ&フード　映画を食卓に連れて帰ろう

2020年3月26日　初版発行
2023年4月20日　再版発行

きゅーる　　　　　こいずみよしはる
著者／CUEL（料理）　小泉 佳春（写真）

発行者／山下 直久

発行／株式会社KADOKAWA
〒102-8177　東京都千代田区富士見2-13-3
電話0570-002-301（ナビダイヤル）

印刷所／凸版印刷株式会社